FULI ZHILI
SHEQU FUWU DE FAZHAN YU SHUSONG

福利治理
社区服务的发展与输送

牛畅 著

经济日报出版社
北京

图书在版编目(CIP)数据

福利治理：社区服务的发展与输送/牛畅著. -- 北京：经济日报出版社，2024.2
ISBN 978-7-5196-1257-3

Ⅰ.①福… Ⅱ.①牛… Ⅲ.①社区服务—研究—中国 Ⅳ.① D669.3

中国版本图书馆 CIP 数据核字（2022）第 249598 号

福利治理：社区服务的发展与输送
FULI ZHILI：SHEQU FUWU DE FAZHAN YU SHUSONG

牛　畅　著

出　　版	经济日报出版社
地　　址	北京市西城区白纸坊东街 2 号院 6 号楼 710（邮编 100054）
经　　销	全国新华书店
印　　刷	北京虎彩文化传播有限公司
开　　本	710 mm×1000 mm　1/16
印　　张	12
字　　数	171 千字
版　　次	2024 年 2 月第 1 版
印　　次	2024 年 2 月第 1 次印刷
定　　价	58.00 元

本社网址：edpbook.com.cn　　　　微信公众号：经济日报出版社
未经许可，不得以任何方式复制或抄袭本书的部分或全部内容，**版权所有，侵权必究。**
本社法律顾问：北京天驰君泰律师事务所，张杰律师　举报信箱：zhangjie@tiantailaw.com
举报电话：010-63567684

本书如有印装质量问题，请与本社总编室联系，联系电话：010-63567684

目 录

第一章 导论 /1
  第一节 研究缘起 /2
  第二节 文献回顾 /5
  第三节 研究设计 /13
  第四节 研究创新 /17

第二章 田野概述与分析框架 /19
  第一节 田野概述 /20
  第二节 相关概念 /24
  第三节 分析框架 /27

第三章 本土福利情境：中国社区服务的影响机制 /41
  第一节 福利政策：社区服务的机制与结构 /43
  第二节 福利结构：后单位时期的社会福利特征 /54
  第三节 福利资源：作为补充资源的社区社会组织 /58
  第四节 小结 /62

第四章 福利资源利用：社区服务的生产与再生产 /65
  第一节 资源配置：服务子系统的差异化 /67
  第二节 资源拓展：社区资源的福利化 /78
  第三节 资源整合：社区服务的项目化 /86

第四节　资源运用：社区服务体系的建构　/94

第五节　小结　/100

第五章　福利供求调适：输送激励、风险管控与自组织　/103

第一节　福利管理的激励机制　/105

第二节　福利参与的风险、约束与资格把关　/115

第三节　福利关系的调适：服务纳入与自我协调　/121

第四节　小结　/129

第六章　福利效应考察：作为治理技术的社区服务　/131

第一节　服务组织层面——非协同效应　/132

第二节　服务生产层面——规模效应　/135

第三节　服务瞄准层面——选择效应　/137

第四节　服务使用层面——同群效应　/141

第五节　小结　/143

第七章　研究成果与政策建议　/145

第一节　初步结论　/147

第二节　相关讨论　/149

第三节　拓展问题　/156

第四节　政策建议　/161

参考文献　/165

附录　/177

附录一：案例使用基本情况　/178

附录二：B街道社区社会组织基本情况汇总表　/181

附录三：街道舞蹈展演责任书（2014）　/182

附录四：街道服务商准入与管理办法　/183

第一章

导论

第一节 研究缘起

1.1.1 研究背景

21世纪以来,中国政府经历了向"服务型政府"的转型过程,强化了自身的公共服务职能。2002年11月,党的十六大报告明确地将政府职能描述为"经济调节、市场监管、社会管理和公共服务"四个方面,提出了完善公共服务职能、减少行政审批,这成为中国服务型政府建设的重要开端。2006年10月,党的十六届六中全会通过《中共中央关于构建社会主义和谐社会若干重大问题的决定》,明确提出"建设服务型政府,强化社会管理和公共服务职能",这标志着"服务型政府"正式成为中国政府改革的重要指导思想,提升公共服务水平成为政府职能建设的主要内容。此后,政府出台多种政策激励公共服务的发展,国内对服务型政府的研究也逐渐从四个方面延伸开来,包括政府与公民关系转变、政府职能历史演进、政府职能结构调整和政府工作方式转变的角度(井敏,2006),经历了理念构想、话语形成、模式构建和策略完善这四个发展阶段(雷浩伟等,2019)。中国政府职能的改革,尤其是"服务型政府"建设的时代背景,奠定了公共部门引导社会服务的发展基调。对社会及服务领域的制度倾斜,为基层公共服务的管理和治理打造了良好的政策背景和实践基础。在新时代政府改革背景下,如何更有效地引导面向基层群众的社区服务的发展,也进一步成为研究者和实践者关注的话题。

政府职能改革的背景，为中国社区服务的发展起到了奠基和指引作用。与西方福利服务话语下的网络治理结构并不相同，中国社区服务发展仍处于初级阶段，且公共部门在服务生产和输送环节的引导作用尤为明显，公共服务体系的建设目标对于社区服务体系的建构具有很强的参照性。国家从"十一五"规划（2006—2010年）开始引导基层政府专门设立社区服务科室，从机构设置和行政人员配置方面给社区服务初期的迅速发展提供了基础条件，并为全国性的社区服务推广建立了良好的政策背景。接着，"十二五"规划（2011—2015年）的覆盖周期，成为中国社区服务发展的机遇期，尤其是城市社区服务的发展，在国家和社会的协力扶持下取得了广泛的成就。而在"十三五"规划（2016—2020年）对城乡社区服务体系的规划中，国家兼顾了城乡社区服务的发展导向，顺应了农村社区建设和乡村振兴的时代潮流，并使乡村场域下的社区服务体系建设，成为推动城乡二元治理结构解体的一个公共着力点，此一阶段则可以看作农村社区服务体系成型的关键时期。由于这一时段恰好是考察城市社区服务发展成果的最佳阶段，唯有充分把握目前城市社区服务的实践经验和发展难题，才能够为下一步农村社区服务体系建设提供具有意义的结论参考，因此，本文以这一时段的社区服务为重点考察时段，有较强的现实意义和理论研究价值。

虽然在政策实践层面，社区服务逐渐摸索出一条独具中国经验的发展路径，但其在学术研究领域仍面临着挑战。目前，对社区服务的内涵外延、服务属性和运行模式等问题的探讨，已经成为基层治理研究中的重要议题。对社区服务的狭义研究，主要包括概念与实践两个层面。在概念层面，研究存在理论概念与实践发展脱节的问题；而实践层面的研究，具体包括社区服务运作、运行的研究等，由于社区本身还处在变动时期，导致当下研究对其本质属性的把握不足，深入不够。此外，社区服务作为地方福利治理的重要内容，又是改善社会福利的一般性手段。可以说，社区服务在政策外延的发展实践，关涉地方福利治理的整体格局，又不可避免地与基层治理问题互相交织。因此，中国社区服务的发展与输送问题，既是一项基层社会研究的理论问题,也是社会转型期不可回避的现实议题。深化该议题的探讨,对回应基层治理现实与社会福利供给等公共发展问题,都具有重要的理论价值与现实意义。

1.1.2 研究动因

在将"社区服务"确定为毕业设计的选题之前,笔者曾于 2017 年 8 月跟随导师李红艳教授参与了京郊某区的农民培训项目,对来自 6 个镇共 21 位农民进行了深度访谈,并整理了 9 万余字的访谈记录,探查了当地乡村福利服务的基本情况。在此次调研过程中,受访者提及的一些特殊现象激起了笔者的研究兴趣。例如,笔者在对某镇几位来自不同村庄的文化组织员的访谈中,了解到一些关于乡村文化福利的故事。在后续调研中,其他的服务发展困境也并不少见。服务的人员主体及资金供给相对充足时,是什么阻碍了服务的正常发展呢?公共部门应该如何引导才能实现服务的良性发展?这激发了笔者研究的兴趣,也为本研究主题的确立提供了研究视角。后续对于乡村福利服务的调查资料,也为研究城市社区的福利服务状况提供了可供比较的思路。

此外,为了增进对研究选点及田野场域的体悟,笔者尝试进入基层政府——街道部门,进行与基层管理服务相关联的研究。于是,2018 年 4 月至 6 月,笔者参与了北京市社会科学院与 B 街道合作开展的一项基层规范管理的试点项目工作,并对街道辖区内的管理服务状况进行了为期三个月的跟踪式调研,该街道作为北京市在城市社区服务发展中的先行地区,有着丰富的服务资源基础,且也已发展了诸多市区范围内均居领先地位的服务项目,适宜作为本研究的田野选点。而三个月的项目工作,增进了笔者对田野选点的了解与感知,为调研准入做了充分的预调研工作。

在田野调查基础上,本书提出以下问题:以居民生活社区为边界的福利性服务是如何组织起来的?多元主体在社区服务的发展与输送过程中,扮演了什么角色,他们彼此之间存在着何种关系,又会对服务的生产过程产生哪些影响？……为了解决这些由田野工作引发的困惑，本研究将重点放在社区服务的发展与输送问题上。

第二节　文献回顾

1.2.1 社区服务的概念与范畴

1.2.1.1 社区服务的概念与属性

对"社区服务"的学术讨论兴起于 20 世纪 80 年代中期，至今面临诸多有关概念、属性的争议。学者对"社区服务"有着不同的定义，且与属性讨论交织在一起。属性研究将福利性作为社区服务最根本的属性，其观点分歧在于福利性的唯一性问题及其与经营性（商业性、营利性、市场化等）间的选择问题。简言之，概念与属性是社区服务既有研究的两个关键领域；它们相互关联，又因服务属性的基础性差别而出现互异的解释路径。

一方面，有学者认为福利性是社区服务相较于经营性的唯一选择，这部分研究构成了狭义社区服务的概念内涵。研究指出，"社区服务"是"社区社会服务"或"社区中的社会服务"的简称（徐永祥，2000：167）。基本特征主要表现为福利性、公益性、公共性、群众性、互助性（互动性）、地缘性（地域性）、非排他性、非竞争性（公用性）、非营利性、社区性（以社区共同体为消费单位）、义务性等，福利性是最基本、最本质的特征（徐永祥，2000：177；高灵芝，2004；陈雅丽，2007；杨宏山，2007；郭安，2011；杨贵华，2011；张丽娟等，2014）。社区服务与商业性服务有着本质区别，其福利性体现在：服务目标、服务资源、服务对象、服务项目、服务领域、发展历程、资金筹集、运行方式、提供主体等多个方面（关信平等，1997；周良才等，2009；李迎生，2009）。社区服务作为政府与社会提供的公共服务，具备公共产品的特征，依靠政府宏观调控实现社会福利最大化，但也存在干预失效的可能（张丽娟等，2014）。

另一方面，其他学者则坚称社区服务可以具有福利性与经营性的双重属性，这些研究相应地构成了广义的社区服务范畴。社区服务是在政府倡导和支持下，为满足社区成员多层次需要，依托街道办事处和居委会，发动社区内的各种力量（包括法人社团、机构、志愿者）开展的具有福利性和经营性双重属性的社区福利服务和社区社会化服务（童星等，2006）。此类研究将社区服务作为一个综合性概念，把政府部门、第三部门、社区组织、企业组织、社区居民等纳为服务主体（夏玉珍等，2003；杨宏山，2007）。贾丽萍（2004）提出经营性服务和福利性服务相结合的社区服务，是社区服务发展目标的理性选择。

总体而言，"社区服务"是具有中国特色的概念。唐忠新（2003：19-23）指出，社区服务的"中国特色"具体表现为：肩负"福利服务"和"方便人民生活"双重任务，发挥"社会保障"和"社会服务"双重功能；形成区、街道、居委会三级服务网络；形成政府主导、社会参与的运行机制。中国社区服务的概念内涵，比西方的"院舍服务"（Institution Care）或"社区照顾"（Community Care）等同类概念的范围要大（江立华等，2008：9）。正由于这一概念的范围较大，对其外延的讨论也更加广泛。例如，有学者提出"社区福利"的概念，指出社区福利包括社区提供的福利服务、社区内福利机构提供的福利和政府委托社区具体实施的福利等三个方面的内容，试图以此重新界定社区服务的内涵，改变其难以承载的、无序的多目标状态，同时强化社区服务发展的福利属性（江立华，2003）。

1.2.1.2 社区服务领域与类型

除了概念层面，社区服务的早期研究对其工作范畴划分也较为关注。相关研究受时代特征的影响，带有"单位社会"的实践色彩；虽具有一定的发展偏向性，但总体而言，此类研究的核心观点分歧较少且分类明晰。例如，"三分法"的研究指出，社区服务包括面向老年人、残疾人、优抚对象等提供的福利服务；面向社区居民提供公益性的便民利民服务；面向社区企事业单位和机关团体开展双向服务（徐永祥，2000：175）。另有学者进一步提出"四分法"，认为21世纪初中国城市社区服务主要包括四个领域：一是面向各类弱势群体和优抚对象的福利服务；二是面向普通居民群众的便民利民的日常生活服务；三是面向辖区企事业单位和机关团体的"后勤"服务；四是面向下岗失业人员的再就业和社会保障服务（唐忠新，2003：24-28）。

在十多年的研究中，学者们对社区服务领域与类型的划分则更加多元，当然，这也是结合了社区服务实践在新时期的变化发展。研究指出，中国社区服务体系是指以满足社区成员需要为目标，以社区服务机构为主体，由相互联系、相互交叉的福利性服务与有偿、低偿服务所组成的多层次、多功能的服务网络（侯岩，2009：4-5）。从实务角度划分为八个重要领域：社区就业、社区社会保障、社区救助、社区卫生和计划生育、社区文教体育、社区流动人口、社区安全以及综合性便民等服务类别（侯岩，2009：14）。中国社区服务包含社区福利服务与社区社会化服务；前者是社会保障向基层社区的延伸；后者由于社会化服务产业难以满足居民服务需求而产生（童星等，2006）。社区服务是面向社区居民开展的一切福利性服务、便民利民服务和后勤服务的总称（刘艳艳，2010）。社区服务有三种类型：传导式服务，即依托社区传导政府的公共服务；链接式服务，即社区通过市场或其他社会组织团体将外部服务资源引入社区；自生式服务，即社区组织通过激活社区内部社会资源提供服务（田毅鹏等，2015）。社区服务作为公共服务在社区层面的延伸和补充，既包含联结政府公共服务的诸多服务事项，也涵盖了许多社会组织服务和居民互助服务的内容（田毅鹏等，2012）。社区服务可分为三类：公共服务（基础性服务，公共部门提供，针对全民，无偿服务）、公益服务（福利服务，针对困难群体，社会提供，无偿和有偿服务结合）和商业服务（经营性服务，对象不限，市场提供，有偿服务）（杨宏山，2007）。

1.2.2 社区服务的运作与管理

对社区服务运作与管理的既有研究，指出了中国当前社区服务体系建设过程中存在的诸多问题与局限性。例如，行政化倾向、服务效率低、机制不灵活、服务手段少、需求回应差、居民参与不够、服务供给不足、制度规范缺失、部门之间互动不良等问题（陈雅丽，2010；杨贵华，2011；郭安，2011；陈伟东等，2014）。社区服务管理职能权限不够明确；社区工作人员整体素质不足；社区服务资金不足，资源整合不力；相关法律法规不健全，制度环境不完善（孙健，2009）。社区中由居民自发成立的非营利性社区服务组织数量较少，居民也普遍没有组建自我服务组织的主观意愿和热情，经常参与社区服务活动的主要是老年人团体，中青年居民对于各类非营利性社区服务组织大多缺乏参与动力（江立华等，2008：158）。当前城市社区服务的社会性严重流失，走向"板结化"，导致社区服务的社会参与性、自生自发性和社会服务性的功能得不到充分的发挥（田毅鹏等，2015）。社区公共服务碎片化表现为服务信息的碎片化、服务方式的碎片化、服务流程的碎片化。城市社区建设缺少有预见性的目标模式，在实际发展过程中往往表现出思路混乱、内容空泛和流于形式；这种"问题——应对"式的发展似乎总使我们的社区建设处在社会迅速变迁的"跟风"状态，从而使社区发展缺乏衔接性、实际性和长远性（单菁菁，2005：282）。这一论点对于社区服务的发展，同样有解释意义。

相对"传统的社区服务体制"中的诸多问题，许多研究指出"新型"社区服务模式的建设具有重要意义。传统的社区服务体制面临"居委会困境"（包括"行政化困境""边缘化或空心化危机"）和"共同体困境"，应构建新型社区服务模式，发展多元主体复合治理的社区服务体制（黄家亮等，2012）。北京市96156社区服务模式作为一种新型社区服务模式，政府通过信息化手段，构建了一个富有张力的社区服务系统，政府、市场和社会三大服务主体在系统中良性互动，共同克服了社区服务中的"政府失灵""市场失灵"和"社会失灵"，实现了社区服务资源的最优化配置（黄家亮，2012）。苏州工业园区邻里中心模式为当前中国社区服务体系建设提供了成功经验，即由政府、市场和社会共同建构集商业服务、公共服务、居民参与为一体的复合式服务体系（陈伟东等，2014）。

从国外经验看，英美两国分别形成了国家主导型和社会化模型的社区服务发展模式，对照中国的社区服务建设来说，可借鉴的有：一是加强政府的政策聚合作用；二是确立社区服务的多中心供给机制；三是推动第三部门的多元化组织格局；四是积极推进民众的社区参与（韩央迪，2010）。英国国民健康保险制度（National Health Service）中的社区参与（Community Participation）被用来考量地方性公民权（Local Citizenship）的概念变化，公民实践由消极向积极的再定位不能被简单视作地方性公民权的积极转向，当地社区及团体的过多纳入几乎并未对当地管理者的影响力造成影响。研究通过美国小城镇公共使用的文件和来自各种经济普查的机密微数据的分析，考察了以本地为导向的公司、自我雇佣、作为聚集场所的商业机构以及协会，结果表明，地方资本主义与公民参与在一些情况下与公民福利产出的关系密切相关，比如收入水平、贫困率和非迁移率，结论主张发展专注于培养小型企业和商人阶层的政策，相比大公司，微型企业更能够促进社区凝聚力以及公民福祉（Tolbert *et al.* 2010）。美国福利改革中，非营利组织和公共社会服务机构之间的关系得到了评估，改革中影响区县社会服务机构的主要力量以及这些力量如何影响该机构与以社区为基础的非营利服务提供商的关系得以识别，组织变更过程的内部和外部维度被评估为权力下放、私有化和社区建设的核心概念（Austin，2003）。非营利社区组织（Nonprofit Community-Based Organizations）成为公共支持服务供给的关键角色，他们服务社区邻里及居民，影响城市社会服务供给的分配，进而影响居民的服务接入能力（Marwell，2004）。闵学勤（2009）进一步指出居委会目前的社区权力结构中以政府赋予的行政权为主，而在社区居民对其期待颇多的自治权、协管与监督权、突发事件处理权等的运用方面，居委会缺乏资源存量；相反，社区新兴的营利和非营利组织，包括物业公司、业主委员会、社区人民代表大会等完全面向社区成员，提供并逐渐掌控了社区生活中必不可少的服务和管理，正在成为Marwell（2004）提出的社区的基础组织（CBO, Community-Based

Organizations）。

1.2.3 社区服务的特性与特征

1.2.3.1 社区服务的公共性与社会性

在前文概念界定中也已说明，本文所用社区服务的概念内涵，实际上是有边界性的社会服务的概念。从包含关系上看，社区服务应属广义的社会服务的一个具有鲜明特征的子集，但此一概念绝不意味社区服务与公共服务可以隔绝开来。学者 Adalbert Evers（2005）在国际社会第三部门研究第六次国际会议上将"社会服务"（Social Services）的内涵界定为，社会服务是指那些政治共同体（Political Community）不仅对其赋予了个人价值，而且同时对团体、环境乃至整个社会都具有相当大的价值的服务。鉴于社会服务自身存在公共价值，而社区服务的发展又需要公共部门的引导，因而社区服务与公共服务的发展必然存在交集。

公共服务主要是指政府及非政府公共组织在纯粹公共物品、混合性公共物品以及个别特殊私人物品的生产和供给中所承担的职责（马庆钰，2005）。从既有研究对社会服务、公共服务的概念界定来看，服务供给中的主体角色的优先序是区分两个概念的重要维度，通常而言，社会服务更多与社会主体对应，而公共服务则主要对应于公共部门。然而，随着服务主体多元协作的深入，以主体抑或主体作用差异区分社会服务与公共服务，将变得更为困难，不同服务间的边界将进一步模糊化。

如前所述，社区服务中的"社区"在大多数学者的概念里，并不是对应"社区居委会"这一主体，而是意指服务的地域性特征，强调服务发生的在地性。总体而言，社区服务与社会服务、公共服务无论是在研究领域还是在实践发展中，皆互有交叉和借鉴，而且在研究中也有混淆使用的状况。基于上述原因，本文关于社区服务的讨论难免引用以"社会服务"或"公共服务"为对象的文献研究，故此特别做简要说明。

1.2.3.2 服务生产中的协作关系

社区公共服务的合作生产（Co-production）意味着服务的用户和专业人员必须发展相互关系，其中双方都承担风险——服务用户必须信任专业的建议和支持，但专业人员必须做好准备去相信这些服务用户和他们所在的社区的决定及行为，而不是指挥他们（Bovaird，2007）。该学者2012年的研究进一步指出，合作生产涵盖共同规划（co-planning）、共同设计（co-design）、共同优先排序（co-prioritization）、共同融资（co-financing）、共同管理（co-management）、共同交付（co-delivery）和共同评估（co-assessment）等组成部分。合作生产面临一些挑战，例如，用户和社区投入合作生产的努力程度不应被公共机构浪费，而当前状况往往如此；公民只愿参与对他们来说特别重要的、在共同生产范围内、覆盖范围相对狭窄的活动，但是公共部门在定制特定细分市场的营销方面几乎没有经验；合作生产不是解决公共部门所有问题的万能药，它有特定效用领域；需进一步探索在何种程度上与专业化的服务提供相比，合作生产的风险更大；合作生产不是资源免费的（Bovaird et al. 2012）。

1.2.3.3 服务供给中的政府角色

中国的公共服务供给模式经历了从补缺式公共服务供给模式向定制式公共服务供给模式的转变，前者的基本特征包括：填补服务空缺；双重管理与控制并行；服务均质化、粗放式；后者则以政府为主导、政府与非营利组织间的充分合作、以公众需求为导向、提供差异化、个性化的优质公共服务为主要特点（翁士洪，2017）。中国的公共服务不同于西方冲突博弈论或合作互补论范式下的服务类型，而是一种合作生产的新型政社关系，从公共服务供给中非营利组织介入程度和政府角色归位程度两个维度，可以建立中观层次上纵横交叉的政社关系的分析框架，进而考察这种服务的生产、管理及治理过程（翁士洪，2019）。

公共部门服务实施的过程受内外部环境的影响，总体上形成了包括探索、采用/准备、实施、维护四阶段的服务实现模式（Aarons et al. 2011）。

而通过跨部门合作模式进行公共服务的供给，成为目前各国公共领导者和管理者主张的最新趋势，弗雷尔等学者（2014：47-48）依据合作关系规范化（Formalization）和合作成员权力共享程度两个特质，将合同外包、伙伴关系、网络治理和独立公共服务提供机构四种跨部门合作模式，列入了一个四维向度，其中，协作关系越是规范化，公共管理者（政府）的控制越强，成员权力共享越受限，合作的一体化程度就越差。

1.2.4 研究评述

现有社区服务研究成果，对于指导服务实践、完善社区治理等现实问题，做出了巨大贡献，并为后续社区服务研究的展开提供了丰富的经验基础。但既有研究在理论与实践领域的多方面研究中，仍然存在些许不足，现将其对应领域和主要问题述评如下。

首先，既有研究从社区服务概念以及与其密切相关的服务类型两个领域展开，对社区服务概念与属性、领域与类型等均有关注。就社区服务的概念与属性研究来看，现有研究关注社区服务在经营（商业）性上的选择问题，或者说福利性的唯一性问题。值得注意的是，此类研究的共同出发点和基本前提在于：福利性始终是社区服务的根本特性和最终目标；但属性争论停留于此，并不能回应社区服务发展的现实困境。此类研究总体而言较为空泛，宏观结论较多，微观经验较少，且缺乏实证分析。

其次，既有研究关注社区服务的实践运作与管理层面。相比前一部分的研究，这一领域的观点和成果反而较为细碎，通过案例探查社区服务资源整合的研究相对多见，尚缺乏结合社区及其服务组织结构发展以及社区内外关系的深入探讨，且对于社区服务根本属性以及不同属性社区服务间的衔接与比较研究把握不够。此一层面的研究，关注微观叙事，但与理论结合不足，解释力薄弱，在对话研究和价值参考方面均存在一定欠缺。

最后，为了拓展社区服务研究的对话空间，对社区服务的特性与特征，尤其针对社区服务的相关概念及其主要研究领域，进行了梳理。在对社区服务及其相关服务的研究中，合作或者协作生产关系是一个重要的研究领域，合作的形态、内容、风险及效应等是此一议题的主要研究对象。尽管社会服务、公共服务等在概念上存在差异，但是在服务协作关系的微观层面具有相似的现实场景，基于此情境的考察在研究结论上也大多相似，且有值得借鉴之处。

总体而言，从社区服务的相关研究，可以推断出以下观点：第一，社区服务是政府主导下发展起来的具有中国特色的一种福利性服务形式；第二，社区服务在纵向层面具有内卷化倾向，在横向层面呈现碎片化特征。此外，既有研究呈现以下主要特点：一方面，对社区服务概念的研究，理论概念与实践发展脱节，研究与现实对话不足；而对于社区服务运作、运行的研究，案例罗列多，现象本质及事实联系分析少，且对社区服务本质属性的把握不足，缺乏深入探究。另一方面，对社区服务特征及关键研究领域的考察，尤其是对于其中服务协作关系的把握，能够开阔研究视野，并发现可供参考的研究路径以及颇有价值的经验性结论。

第三节 研究设计

1.3.1 研究问题

由于既有研究难以回应笔者在田野调研中形成的两个核心问题：第一，以居民生活社区为边界的福利性服务的微观形态是怎样的；第二，以公共部门为主导的多元主体在此类服务发展中的角色及其关系是什么。

因此，在回顾既有文献的基础上，基于社区服务开展的实际情况，结合福利治理的研究视角，本文将城市社区服务的治理问题作为研究对象，重点考察社区服务的发展与输送现状，在回应上述核心问题的同时，具体探讨以下议题：第一，城市社区服务如何在十多年间迅速发展起来？本文将分别通过第三、四、五、六章节的阐述，深入探析社区服务的发展情境、生产过程、输送实践、效应特征等，并以此探究这种发展过程是呈现了一以贯之的固化逻辑还是伴随着未知数的动态调适进程。

第二，现有社区服务呈现怎样的组织模式和运作特征？本书第四章将从治理的资源视角，解释社区服务的生产与再生产过程，对服务组织形态做出回应的同时，剖析社区服务内部的发展差异和衔接关系。此一章节将结合个案分析的方法，阐述不同类别服务间的共性与个性特征。

第三，社区服务如何能被有效输送给参与者？本文第五章将从治理的管理视角，重点关注福利机制，探讨供求调适中的输送激励、风险与自组织问题。同时，结合福利治理中的七类主要主体角色——管理者、提供者、协作者、参与者、中介者、传递者、协调者等不同群体间的互动关系，具体阐释公共部门、社会与市场主体在社区服务场域中的作用及关联。

第四，作为福利治理技术的社区服务，产生了怎样的效应特征？本文第六章将从治理的技术侧面，结合社区服务在组织、生产、瞄准以及使用等实践路径中的具体特点，剖析作为治理手段的社区服务，在发展过程中呈现的不同效应及其与社会福利的关联，最后将结合研究结论，提出相关政策建议。

1.3.2 研究方法

1.3.2.1 文本分析法

首先，采用文本分析法对社区服务的研究成果及政策文件等进行了筛选、分类与整理，并分别就研究和政策两方面文本进行了论述。一方面，对既有研究的梳理分析，涉及社会治理以及福利政策等主题下的期刊文献、书籍专著以及研究论文等。以 welfare governance/ local service/ local welfare/ social service/ social welfare/ community care/ community welfare/ public service/ public welfare 等作为检索关键词，对引用率及影响因子较高的英文文献进行了重点收集整理。尽管外文研究内容与对象常与中文文献在概念上有所分歧，但仍能发现具有参考意义的观点与方法，对于概念分歧的鉴别也更有助于突出中国社区服务的特性。

另一方面，本书回顾了中国社区服务的政策演进过程，尤见于第三章对福利政策的具体阐释。通过对社区服务政策文本的分析，本书试图发掘中国社区服务的发展机制以及结构性特征，剖析社区服务的本土化福利情境，并为后续论证的开展提供基础性的政策背景分析。

1.3.2.2 田野调查法

本文采用实地调查的方法来进行一手资料的收集。在具体调研过程中，主要采用参与式观察法与半结构访谈法。为尽可能全面地获得社区服务的田野资料，笔者以志愿者身份于2018年7月正式进入社区服务发展的主要场域——北京市B街道的社区服务中心科室进行调研，并将社区居委会、社区服务开展地等多个其他场地作为重要调研场地，经由社区服务中心、社区等部门或组织开展的服务项目及活动，进一步对服务参与者、组织人员、合作机构等多个相关主体进行深入了解，调研过程中，笔者也以服务参与者等身份对服务开展状况进行了跟踪体验。

基于对街道社区服务开展时间的预调研，笔者将初次调查时间集中安排在2018年7—10月，其间对B街道社区服务中心开展的服务项目及服务活动进行跟踪式调查，实地调研次数合计30余次，对累计50余名含服务管理者、提供者、参与者、合作生产者等多方相关人员进行了访谈，对其中40余名受访者的访谈进行了重点整理和记录。此外，笔者陪同社区服务中心的工作人员参加了此阶段由市区级部门、街道办事处、社区服务中心等主体主办的多次会议，并对包括上级政府、街道各部门和合作单位等主体间的商谈情况以及基层工作者的反馈建议等进行了完整记录。此外，在2019年7—8月，笔者对中心及其工作人员进行了回访，并再次进入街道及社区居委会等调研场所，观察社区服务在一年后的运作模式及其变化与否，以免因时间推移而发生论据不实的情况；同时，笔者对初次调研田野资料中的个别细节进行了再确认，并对不完善的资料论据进行了必要的补充调研，在可能的条件下尽量实现论据资料的最大化和完整化。以上为集中获取田野资料的两个时间阶段，但在此外的时间里，笔者也始终保持着与科室的联系，并以长期实习生的身份，完成科室需求的相应工作。

除了开展线下的实地调研，从2018年4月至今，笔者一直关注该街道微信公众号发布的服务信息动态及相关报道内容，并从2018年6月进入街道文化类服务的微信群组至今，一直作为群组成员关注群内其他成员之间以及他们与作为群主的街道社区服务中心的管理人员之间的所有线上互动，及时捕捉服务发展动态。由于笔者加入的B街道社区服务微信群组，有三个群组基本上能够涵盖街道辖区内较为活跃的社区服务参与主体，并且，其中两个群组日常互动非常频繁，几乎以天为单位持续对话不曾间隔，因而笔者认为，这种线上观察也是深入了解社区服务主体关系的重要路径，应当作为田野调查的部分构成。

通过包括参与式跟踪观察、线上线下观察访谈、会议记录、基层政府的档案资源以及电子材料等多种调查方式及资料形式，基本厘清了街道办事处的工作人员、社区工作者、服务参与居民、项目合作方等多个利益相关者或相关群体，在社区服务发展推进中的角色，不仅探察了政府自上而下推行的一系列公共服务和便民利民服务项目的实际运作情况，而且考察了志愿服务活动这样一种长期发展的、范围广泛的、社会参与度高的广义的福利服务种类，并从以上服务考察中对多主体间关系与福利服务发展和输送情况进行了重点探究。

1.3.2.3 个案分析法

基于本次田野工作所获得的第一手研究资料，将不同案例、不同主体的实际角色以及不同属性的服务进行综合对比与分析，从而把经验材料进一步细化深化。研究涉及了B街道辖区内不同服务案例的发展情况，基于不同社区居委会、不同服务类型与不同政策目标等具体考察点展开案例分析，案例及其相应考察内容包括：单位型社区与社会型社区、不同规模的社区、试点社区与普通社区等，作为资源子系统的不同配置情况；文化服务、居家养老服务、市场化服务等，作为项目化社区服务的不同发展路径；公共服务、便民利民服务、志愿服务等，作为社区服务体系政策目标的不同运用特征。

不同类型社区的服务发展状况不同，但此处将不同社区相关概念列出来，不是为了比较分析社区类型间的异同，而是社区服务本身因为社区性质不同而形成了各自的特征，为了具体探讨特征为何，因而需要列出不同的社区概念，以凸显服务本身与社区性质间的关联与张力。

第四节 研究创新

本研究的创新及贡献主要体现在以下四个方面。一是将社区服务的发展与输送作为重点研究议题，从历时和共时维度入手，基于福利政策、结构及资源等具体层面，分析了本土化福利治理的复杂情境，这一定程度上弥补了社区服务研究纵向视野呈现不足的缺陷。

二是从福利治理的整体研究视角，将社区服务中的"社区"作为一个系统性概念，把街道辖区的资源系统界定为服务资源的整体系统，对社区服务的生产机制及实践问题做了详细考察，为社区服务难以系统化研究的困境，提出可行的解决方案。

三是基于福利治理的国内外研究成果，结合对社区服务实践的经验考察，提出了适用于中国社区服务——作为本土化福利研究的一个可行性分析框架，进而将前沿学术议题与本土实践经验关联起来，从而避免理论框架使用中的生搬硬套。

四是不断尝试呈现福利治理的两种逻辑：一个是对作为要素的福利进行治理，关注了不同福利主体之间的关系以及福利服务的实践及输送问题；另一个是考察作为治理技术的福利，即深入认识社区服务的效应特征，进而依托作为福利技术的社区服务，更好地实现治理。后者评估了福利治理过程带来的实质性影响，为反思社会福利政策提供了模式参考，这对福利体系建设和社会治理成效均有重要意义，理应作为社会福利领域公共部门重点关注的议题，但在现有研究中却并不多见。

第二章
田野概述与分析框架

第一节　田野概述

研究考察的案例地点 B 街道，位于北京市的西北地区并靠近主城区，作为首都基层管理服务体制改革中的基层单位，先后承接并完成了多个国家及市区级的社区服务试点项目，适合作为考察社区服务发展的典型案例。其中，尤其在社区服务中的养老服务建设领域，该街道得到上级部门的较多支持，承接了包括居家养老服务、社区老年宜居环境改造、失能护理互助保险等公共服务项目的市区级试点。B 街道的地理位置位于海淀区东南部，辖区面积约为 6.04 平方公里。辖区内目前常住人口约 16.4 万人，其中 60 岁以上老年人为 4.5 万人，占辖区总人口的 27.44%；80 岁以上老年人 6079 人，占辖区总人口的 3.71%，重度残疾人 692 人[①]。辖区教育资源较多，科研院所和高等院校密集，中、小学院校也均有分布。辖区现有社区居委会 31 个，单位型社区与社会型社区混合是该辖区内社区分布的一个重要特征。其中，典型的单位型社区包括：GY、TY、ZJS、QXJ、HYJ、JD、CD 等大院大所型社区；社会型社区包括：NE、LB、ZJM、WTS、DWY 等社区。总体来看，相比其他地区该街道辖区单位型社区分布较多，但就内部比较来说，B 街道辖区内仍以社会型社区数量居多。在本书第四章第一节，研究将基于对不同社区居委会资源状况的外部比较，包括具有单位资源优势的 JD 社区，因规模较小、资源体量不足而发展受限的 NY 和 HYJ 社区，资源集中的试点型 NE 社区等三类主要不同社区居委会，进行社区服务发展状况的案例比较。

---

① 引自《B 街道居家养老工作总体汇报》，数据截至 2018 年 1 月。

该街道于2004年正式单独设立了社区服务中心这一科室，并完备了人员体系。该职能科室的设立，是B街道社区服务发展的一个重要里程碑，至此，街道辖区内发展的重要社区服务种类，基本上均在该基层政府部门的指导下具体展开。该部门的工作内容与社区服务发展存在对应关系，工作场域和服务对象主要是面向B街道的全体辖区居民。此前，街道设有的所谓社区服务相关机构，属于临时性机构，没有常设的工作人员，工作任务由分散在其他科室，如财务、民政科室的人员分担完成，由于缺乏统一的部门管辖、工作任务量较少，因而直至2004年该科室正式独立出来，起初设有4位工作人员，而后增至常设岗位人员6名，科室主要人员几乎没有变化，科室主任及副主任均为2004年进入街道社区服务中心科室工作至今。由于地方政府在街道一级着力建立社区服务中心，主要始于2006年《国务院关于加强和改进社区服务工作的意见》的颁布。且直至2011年初，全国有共计6923个城市街道，8.7万个城市社区，在"十一五"期间共建成了街道社区服务中心3515个，社区服务站44237个，社区综合服务设施覆盖率提升至50.81%[1]。由此可见，B街道在社区服务的机构和人才体系建设方面，都走在了全国社区服务体系建设的前列，在着手社区服务建设的时间上甚至先于全国性政策发展规划的进程。这样一个较早成立并在发展过程中得到多方扶持的机构，它的发展历程必然具有很高的研究价值，并且能够帮助学者们拓宽社区服务研究的视野。

目前，社区服务中心的主要工作职责包括：负责对辖区社区服务进行规划布局；整合管理社区服务资源；负责社区服务项目的策划、组织和监督；指导社区组织（社区居委会、社区服务站）依据居民需求开展社区服务；结合自身实际，赋予本级社区服务中心具有个性特点的其他社区服务业务[2]。2016年11月，海淀区民政局印发的《海淀区关于社区服务发展的指导意见》

---

[1] 国务院办公厅.国务院办公厅关于印发社区服务体系建设规划（2011—2015年）的通知[EB/OL]．(2011-12-29) [2019-07-21] . http://www.gov.cn/zhengce/content/2011-12/29/content_6544.htm.
[2] 依据街道办事处政务信息公开栏的内容整理而成。

规定，区级社区服务中心的业务包括 5 项，具体有贯彻落实区委、区政府关于社区服务的政策、指示、方案，调研全区社区服务工作开展情况并做好统一规划，统筹全区社区服务资源并搭建区级资源管理平台，指导街（镇）社区服务中心开展工作，制定街（镇）社区服务评估指标体系并组织实施；街（镇）社区服务中心的业务也涵盖五项内容，具体包括负责对辖区社区服务进行规划布局，整合管理社区服务资源，负责社区服务项目的策划、组织与监督，指导社区组织（社区居委会、社区服务站）依据居民需求开展社区服务，街（镇）可结合自身实际赋予本级社区服务中心具有个性特点的其他社区服务业务。鉴于 2004 年社区服务中心建立可以作为基层政府正式着手社区服务建设的重要时间节点，结合实地调研可考据的经验资料的时间跨度，本书对于社区服务发展历程的讨论，将主要以 2004 年后的文本资料和口述记录作为论证主体。2019 年 4—5 月，受北京市机构改革的背景影响，该街道社区服务中心更名为市民活动中心，在部门职责上将一些项目型公共服务职责，具体包括养老服务建设等，调整到其他部门（如民生保障科室）负责，总体上该中心的部门职责并没有发生变化，且在公共服务职能方面的调整也是局部的。由于基层机构改革进程并没有完整定向，因而，本书还是参照国家政策层面，尤以《城乡社区服务体系建设规划（2016—2020 年）》等政策文本中的概念为依据，在 2020 年之前这一阶段，继续使用街道社区服务中心的概念来对照社区服务体系在基层政府层面的建设情况。

  该街道在社区服务方面的积极举措，使其积累了诸多公共影响力较为突出的服务项目。街道主要的服务项目成果包括 6 个方面："菜篮子"工作；养老驿站；养老照料中心建设；老年宜居环境试点改造项目；文化服务工作；老楼加装电梯项目。其中，养老驿站、养老照料中心建设、老年宜居环境试点改造以及老楼加装电梯项目均属于该街道社区服务中心承接的国家和北京市、区级试点项目，目的是探寻社区居家养老服务体系建设的可供推广的工作经验，而养老服务也是该街道最重要的服务方向和成果（机构改革后街道社区服务调整的职能正是养老试点项目这一部分）。《海淀区关于社区服务发展的指导意见》文件中，明确指出政府各级社区服务中心业务调整后，不再直接经营、实施服务项目，具体服务项目的实施交由社会力量承担，根据工作试点需要可开展演示性、示范性服务项目。由此，社区服务项目从公共干预视角划分，基本可以分作两种类型，这也是后文考察的重要内容，一类是政府主导的公共服务项目，另一类是政府引导的社会服务活动，文化生活类服务工作属于第二类，其他项目则属于第一类。

该街道辖区内文化资源丰富，群众文化素养总体较高，文化服务活动种类丰富，且与社区层面的文化资源结合紧密，已经形成兼具规模与效应的文化福利服务体系。2006年成立了区级第一家街道综合文艺团队——B街道社区艺术团，下设声乐演唱队、民族器乐演奏队、舞蹈队、服装模特队和京剧队等5个队。2018年B街道基于此前良好的文化项目及养老服务的发展经验，正式建立起集多种社区服务为一体的文化（养老）服务体系。该系列服务活动整合了往年开展的不同服务活动，包括"墨情画韵"（书画培训项目）、"银丝情缕"（社区居委会免费理发）、"音乐养生堂"（乐器知识与养生讲座）、"琴声相约最美陪伴"（马头琴下社区居委会巡演与培训）、"耄耋青春国粹庆生"（京剧队为80岁以上老人表演庆重阳）、"再舞青春忆芳华"（舞蹈联盟社区巡演）等系列，近年新开展的不同服务项目还在持续纳入该体系当中。在田野工作中，笔者对该系列的多项服务活动进行了跟踪式调查。

第二节 相关概念

2.2.1 社区

社区的概念源于拉丁语，原本意指关系密切的伙伴和共同体。德国社会学家斐迪南·滕尼斯在《共同体与社会》中指出，社区是由人的意志（如本能、习惯、记忆）推动，形成的基于血缘、地缘、精神的共同体（滕尼斯，1999：58-60；65）。汉语的"社区"一词最早由费孝通先生为代表的社会学家从英文Community翻译过来（丁元竹，2007）。1948年费孝通先生发表的《二十年来之中国社区研究》一文，将社区概念进一步中国化，并逐渐发展成为研究中国社会的重要方法。

以上社区概念的内涵接近我们通常使用的"基层自然社区"的概念。而与之对应的"基层法定社区"概念则具有三层含义：其一，具备社区的基本要素和基本条件，是现实中的社区；其二，它是一种法定社区，往往是在自然性社区的基础上，出于社会管理的需要而设置的社区，具有明确的社区边界和法定的社区组织管理机构；其三，它是一种基层社区，是基层政权组织或基层群众性自治组织的辖区共同体（唐忠新，2005：6-7）。基层自然社区是基层法定社区的基础，而基层法定社区则更多地指向社区居委会这一自治组织的治理边界。但是，以法定社区为边界开展的服务活动，其参与者往往也包括周边社区居委会的居民群体，这是田野调查中面临的现实情况，也是法定社区开展服务的真实场景。

为了使中国城市社区服务的发展实际与研究现状更好地对接，本书认为把基层自然社区或法定社区，作为社区服务的操作单元，将因概念自身的边界而使整体研究视野受限，导致不能有效涵盖社区服务的相关田野资料。本书尝试在"社区服务"的"社区"概念界定中，淡化地理界线或者行政区域的效用，以避免对概念的界定束缚了后续研究的进行。因此，本研究将"社区"概念作为服务的发生场域使用，"社区"是与社区服务发展及输送相关联的场域之和——既与法定社区的含义直接相关，又不丧失自然社区的"共同体"内涵，是整体治理视角下的"社区系统"的概念。本书将该系统在空间意义上的场域，对应到以城市街道办事处行政区域为主的地域空间，其具体位置可包括街道的社区服务中心、社区居委会，抑或是服务发生的会议室等场所。简言之，从服务场域上看，本书使用的社区概念是一个整体的系统性概念，主要泛指城市基层尤其是街道办事处的行政区域；同时，街道办事处管辖的地方资源系统，将成为社区服务资源的整体系统，且在此一概念视域下，社区居委会的自治区域将作为社区服务资源的子系统而存在。

需要特殊说明的是，由于现代社区研究通常将社区对应为社区居委会，街道是政府的派出机构，但本书将社区服务的空间场域对应到以街道办事处为主的地域空间，并不是将街道的各类服务都纳入社区服务，而是将包括社区服务中心（专职设立的这一公共部门）筹办的服务在内的主要社区服务类别，作为研究的重要考察对象，进而避免因概念界定本身带来政社关系梳理的模糊化。

2.2.2 社区服务

社区服务是一个具有中国特色的概念，且从 20 世纪 90 年代开始，就已在国内法律法规及政策文件中出现。西方社会并没有专门定义社区服务的概念，他们把立足于社区的社会服务作为社区服务，并主要以社会服务、社会福利服务等概念来替代，而不存在脱离这些概念的独立的社区服务概念。就中国社区服务的早期定位而言，民政部曾给出这样的定义：社区服务是以城市街道、居民委员会为依托，依靠社会力量兴办的实行自负盈亏管理的社区型社会福利设施和社会服务网络（杨团，2001）。此后，社区服务的概念一直伴随着政策概念宽泛、理论概念存在争议的问题，且就目前来说，还存在理论概念与实践发展脱节的问题。

笔者在田野调查中发现，以社区居委会为唯一主体或依托社区自治组织等提供的、面向居委会内部成员的社会服务，往往具有组织范围小、参与居民少、发展力量薄弱、服务时限短暂等问题，并以分散于居委会自治区域内的小型文体社团活动居多，且服务本身的随机性、流动性较强，服务基础较差。21世纪以来，国家政策明确要求在地方政府层面设置专门的社区服务机构，尤其在基层政府内部设置社区服务中心，也是为了将各街镇辖区范围内碎片化的服务发展实现一定程度的整合。基于以上实际情况，本书认为以社区居委会的自治边界来定义的"社区服务"，不适宜作为唯一的考察对象，而且界定社区服务的概念应首先摆脱旧有概念争论带来的局限性，尝试依据社区服务发展现状，进行较为广义的社区服务定义，避免概念被过早操作化。

因而，本书意在探索有一定存续历史并在输送过程中呈现稳定特性，又具有一定的地域边界性，且通常是在居民生活的街道辖区内开展的社会性服务。同时，这也是基于前文"社区系统"概念而定义的社区服务。此一概念范围从属于广义的社会服务，但具有更强的边界性；与狭义的社会服务及公共服务呈交叉关系，但又具有基层属性。需要指出的是，纵观中国社区服务的发展历程，公共部门在政策引导及实践领域中的作用至关重要；社区服务的概念，也应更接近社区服务的公共性以及现实性内涵。强调中国社区服务的发展，一方面是突出中国社区服务概念区别于西方社会服务概念，同时，进一步框定了本书所用社区服务概念的政策性含义，强调了作为公共治理目标之一——"社区服务体系"的意义。后文将尝试通过社区服务的本土化经验，进一步阐发中国社区服务的概念外延。

第三节　分析框架

2.3.1 理论基础：治理理论

国际上在主张公私合作的治理理论不断深入当今各国公共体制改革进程之前，包括主张企业家精神的新公共管理理论、倡导将公民服务作为公共事业核心的新公共服务理论等，都对全球性的政府职能重塑产生了广泛而深刻的影响。西方的政府改革还伴随着福利体制的调整，曾在福利国家中占据主导的福利理论，在这种公共体制改革的整体背景下也发生着变迁。

2.3.1.1 理论范式沿革

20世纪80年代以来，西方国家为了解决财政危机以及政府信任危机，而对公共部门管理进行了大规模改革，意在由传统僵化的科层制官僚体制的管理，向更具弹性的企业化政府管理方式转变，改革的指导思想即新公共管理理论。该理论在对传统的公共行政学理论的批判基础上形成。这种改革过程表现为从官僚制的行政模式走向市场化的管理模式，意味着市场与政府、政府与官僚制组织、政府与公民、官僚制组织与公民之间关系的转变（休斯，2001：283）。该理论的研究纲领或范式特征包括八个方面：强调职业化管理；明确的绩效标准与绩效评估；项目预算与战略管理；提供回应性服务；公共服务机构的分散化和小型化；竞争机制的引入；采用私人部门管理方式；管理者与政治家、公众关系的改变（陈振明，2000）。新公共管理理论认为，社会组织应该更多地参与到公共管理过程中，与政府共同承担公共管理的职能，实现公共利益（张晖，2008）。政府的作用是掌舵而不是划桨，具备企业家精神的公共管理者认识到，过去服务只会导致客户依赖，而不是经济与社会的独立，他们应该对公民、社团组织、社区组织进行授权，使其能够解决自己的问题（登哈特，2009：157）。

新公共管理理论修正了传统公共行政的不少弊病，并推行了20世纪90年代的英美等国家政府改革进程，但效率至上等管理主义思想的盛行，将削弱公共价值的实现，该理论的缺陷逐渐显露出来。此后，基于对新公共管理理论的批判，新公共服务理论兴起，以罗伯特·B.登哈特为代表。该理论强调一种以公民为中心，以尊重公民权，实现公众利益为目标，重视广泛的对话和公民参与，以实现公务员、公民、法律和社会协调运行的综合治理模式。新公共服务的提出建立在民主公民权理论（Theories of Democratic Citizenship）、共同体和公民社会模型（Models of Community and Civil Society）、组织人文主义和话语理论（Organizational Humanism and Discourse Theory）的基础上，新公共服务的7个原则也由此而生（Denhardt，2010），这些原则是：服务于公民，而不是服务于顾客；追求公共利益；重视公民权胜过重视企业家精神；思考要具有战略性，行动要具有民主性；承认责任并不简单；服务，而不是掌舵；重视人，而不只是重视生产率（登哈特等，2004：40-41）。新公共服务理论指出，通过方法和技术创新以提高政府效率的同时，不应忽视对公共利益的维护和公民权利的尊重；这种观点纠正了管理主义的偏颇，并在一定程度上实现了对新公共管理理论的超越（王丽莉等，2004）。该理论强调人本主义的服务理念，强调公共服务以公民（顾客）为主导的思想，公共服务提供的竞争性与私营化，公共服务提供中的责任政府和服务意识（顾丽梅，2005）。

新公共管理和新公共服务这两种理论，作为西方政府变革过程中的主要指导思想，从宏观层面指明了西方公共部门体制改革的发展方向。同时，上述两种理论对西方社会服务的发展进程也产生了深远影响，揭示了西方福利的革新过程中，借以实现公民权利与公共性目标的发展路径。然而，由于上述理论蕴含较为浓厚的私有化及个体主义色彩，不符合东方的福利发展情境，对于解释中国本土福利发展经验，并不适用。

其他用来阐释国家与社会间福利关系的理论中，混合福利（Welfare Mix）

论或福利多元主义（Welfare Pluralism）曾占支配性地位，其核心观点包含分权和参与，主要提倡发展多元、混合的福利制度（Richard，1986；Norman，1987）。这些理论的价值在于开启了国家与社会之间合作、互动的可能性，但也有学者尖锐地指出了这些理论在解释具体福利问题时面临的局限性：第一，这些理论通常聚焦于社会服务的供给，关注福利国家作为给付国家的侧面，但对福利国家作为规制国家的侧面关注不足；第二，混合福利、福利多元主义等理论是静态的、非辩证的理论，而这正是因为这些理论的焦点是社会服务的供给（武川正吾，2011：58）。

西方福利制度经历了从国家（政府）范式到市场范式，再到治理范式的改革路径。在治理理论盛行之前，新公共管理、新公共服务以及福利多元等经典理论范式，对西方政府或市场范式进行了反复修正甚至重构。然而，由于这些理论范式在解释具体问题时，表现出日渐明显的局限性。治理理论——作为更加切合多元福利格局以及动态福利关系的范式，成为新一代福利改革进程中越来越重要的理论依据；同时，作为经典理论解释路径，治理理论对于解读当代福利社会的制度及实践问题，产生着日益深远的影响。

2.3.1.2 理论解释路径

虽然治理理论有诸多解释路径，但这一概念本身即可以看作是继公共行政和新公共管理之后的一种新范式（Osborne，2010）。在"治理"这一学术概念的兴起阶段，学者罗茨（1996）即指出了此术语早期的6种用途，包括最弱意义国家、公司治理、新公共管理、"善治"、社会控制论系统和自组织网络，同时，他认为治理指的是"自组织的组织间网络（Self-organizing Interorganizational Networks）"，并认为这些网络补充了市场以及作为权威分配资源、实施控制和协调的统治结构的层级（Hierarchies as Governing Structures）。网络作为治理的核心特征——不同于市场合同以价格和竞争为特征，亦不同于官僚主义以权威和规则为特征，网络的重要特征是信任和处世之道（Diplomacy）（Rhodes，1998）。但市场、官僚制度和网络都并非以它们的纯粹形式存在，任何服务都不会只使用一种资源分配机制，也正是管理结构（Governing Structures）的组合将不同的服务彼此区别开来（Rhodes，1997a）。

"治理"概念的基本含义是指在一个既定的范围内运用权威维持秩序，满足公众的需要（俞可平，2004：5）。罗茨（2007）对治理概念的最新论述得到了国际学界较为广泛的引证和认可，他基于过往学者对于治理的经典论述，总结了公共行政和公共政策视角下治理概念的内涵，并将其定义为以下几个方面：第一，组织之间相互依存。治理比政府更广泛，涵盖非国家行为体。国家边界的改变意味着公共部门、私营部门和志愿部门之间的边界发生转变和模糊；第二，网络成员之间的持续交互，由交换资源和协商共享目的的需要引起；第三，类似游戏的互动，根植于信任，受网络参与者协商和同意的游戏规则的约束；第四，在很大程度上拥有相对于国家的自主权（Autonomy）（Rhodes，1997b：53），网络不是向国家负责，他们是自组织的，虽然国家不占据特权和统辖地位，但它可以间接地和不完全地引导网络。现有的治理研究包含了两个基本论点：从水平维度上看，社会越来越多地参与到治理中来；从垂直维度看，治理层级增加，除民族国家之外，全球治理、地方治理等层面的影响力不断加大（Kooiman，2000；Kazepov，2010）。就中国的治理而言，国家治理与政府治理、社会治理之间的关系，是包含与被包含的关系，国家治理是总体治理，政府治理、社会治理是国家治理的分支领域和子范畴（王浦劬，2014）。

更重要的是，治理视角为福利研究提供了一种新的视角（Daly，2003）。此外，在探讨福利问题时，治理概念侧重关注政策制定过程与行动者、机构和执行过程的联系，同时，治理允许人们跨越不同层次，将社区、地方或区域治理和国家联系起来（Burau *et al.* 2011）。治理理论在其发端、兴起的路径中，始终与福利实践保持着紧密的联系，且相较于其他研究范式，治理范式更能够为社会福利问题提供有力的解释视角。公共管理理论关注的是组织内的过程，而公共服务提供（Public Service Delivery）实际是跨组织的；现有理论借鉴了从制造业部门经验中得到的管理理论，而忽视了公共服务作为

"服务"的现实,在新公共治理(New Public Governance)时代,需要公共服务主导的理论突破(Osborne et al. 2013)。由于治理理论相较于其他经典理论范式,在解读福利问题、剖析服务供给等研究领域有着显著优势,因而,本书将治理理论作为研究展开的初始视角,对社区服务这一福利问题进行探究。

2.3.2 研究视角:福利治理

目前,国内对社区服务的解释框架,局限于服务划分层面,政策导向明显,概念边界模糊,分类依据多样,致使社区服务研究从内涵到外延,均呈现碎片化特征。一方面,研究缺乏对社区服务发展形态的微观和中观考察;另一方面,有关社区服务的宏大叙述,又缺乏充分的经验论据支撑,一些研究甚至与社会结构变迁出现脱离。本书认为,深入探究社区服务的开展情况,需要基于多维的解释框架,脱离以宏大视角抽象探讨社会福利发展的研究模式。社区服务作为地方福利治理的重要内容,是改善社会福利的一般性手段,关涉到中国基层福利治理的整体格局。后续研究应当将社区服务的考察议题,嵌入社会福利研究的理论框架中,以此在福利框架中探察社区服务的发展;同时,研究需要从服务治理情况入手,发掘社会福利的发展逻辑并审视其实践问题,通过考察社区服务的微观运作,反思福利治理问题,进而为社区服务本身创造更多发展空间。因而,本书选择将福利治理的研究视角引入社区服务的研究中,尽管福利治理作为重要的研究概念,早已被国外学者用来关注社会服务问题,但由于中西方在社会服务的概念及发展渊源上,均存在较大差异,套用西方的福利研究框架来解释中国社区服务的福利问题,很可能产生研究框架的适用性问题。

然而,对西方福利思想及理论的探察,有助于拓宽现有研究视野,修正理论误用等问题,延展本土研究的解释维度。对福利治理概念的深入研究与讨论,不仅能够厘清学术概念的本土化边界,也理应以"福利治理"研究之"管","窥"中国福利社会化发展之"豹"。因而,本书基于国内外研究成果，结合福利领域关注的重点议题，在已有论述的基础上，探讨一种适宜考察社区服务的福利治理研究框架。

2.3.2.1 福利治理的意涵

福利治理（Welfare Governance）是西方社会政策实践研究领域的一个重要概念，涉及资本主义国家转型的方向与进程。由于中西方在福利概念及治理渊源上均存在较大差异，以西方福利治理的研究框架解释中国福利实践可能存在适用性问题。学者景天魁（2010：5-6）指出，中西方的"福利"内涵在三方面存在不同：一是在基本的物质生活资料满足方面，中国的福利发展阶段仍主要表现为满足居民的基本生活、健康和教育等方面的需求；在福利层次上优先建立最低生活保障和各种社会救助项目；西方发达国家则越来越追求体面性、体现政府责任的福利。二是在福利权利获得方面，西方社会主要从个人意识而中国主要侧重于集体意识去理解福利；西方社会主要从政治权利角度去认识福利而中国侧重于从文化层面上认识福利。三是在幸福与满足的理解与认同方面，西方国家倾向于强调福利"两感"，即"自我幸福感"和"生活满足感"，中国在此基础上还特别注重福利供求的"社会认同感"，而且力图实现"三感"的有机统一。

而就福利治理概念本身来讲，它有两个重要含义——这对理解社区服务的定位具有关键意义。一方面，福利治理是作为治理要素的福利。此意义上的福利是治理的内容和对象，此时福利治理的逻辑是对福利进行治理。关注的是不同福利责任主体之间的关系和互动，注重研究不同主体之间权力关系的转换形式以及福利服务的传递制度和实践方式，其目的是突破传统国家（政府）范式下的福利发展机制（彭华民，2016），进而反思新的治理范式下的社会福利工作问题（Frahm et al. 2009）。该层面的福利治理吸引了绝大多数学者的关注。而另一方面，福利治理还可以是作为治理技术的福利。在这一层面，福利治理则意指依托福利更好地实现治理。不同于对福利进行治理的逻辑，此时的福利治理是将福利作为社会治理的手段，其最终目标是善治的实现。如果将福利治理的双重意涵进行比较，那么很明显，前一层面的意涵要求福利治理研究关注治理资源及主体关系，而第二层意涵则需更侧重治理的效用及效应。如果说前者偏向考察治理过程，那后者则偏重剖析治理结果。从学界对两层意涵的研究来看，第二层福利治理显然更少受到关注，且其关注点往往并未正面聚焦社会福利问题，而是在社会救助等其他社会保障类问题的研究中被提及（孙嫱，2016）。在接下来的论述中，本书将结合经验资料进一步阐发福利治理的此一意涵。

2.3.2.2 福利治理的分析维度

在考察社会福利问题时，国外学者倾向于综合利用多个关联维度进行分析，其中主要的分析路径有三种，通常被概括为"3P"：过程（Process）、成果（Product）和绩效（Performance），而这三个维度是相互联系甚至相互重叠的，研究者也时常在调查研究中将不同路径组合起来考察（吉尔伯特等，2003：21-22）。此外，学者提出了针对社会福利政策的分析框架，包括社会分配的基础、社会福利的类型、输送策略和筹资方式（分配基础、分配内容、服务输送、资金来源）四个维度：社会分配的基础是指将社会福利分配给社会中特定人口或群体时不同原则之间的选择；社会福利的特质问题是指所提供之援助的种类；输送策略（delivery strategies）是指在地方社区系统（即邻里、城市和农村）这个集合了绝大多数的提供者和消费者的层面中，社会福利的提供者和消费者之间可供选择的组织安排；资金选择（funding choices）涉及资金来源及其从起始点到服务点转移支付的方式问题（吉尔伯特等，2003：83-86）。另有学者将政策研究的视角纳入福利治理的概念构成，指出福利治理是治理概念在政府管理公共社会政策中的应用，其功能是保障或提高公民的社会福利水平，并依据政策形成、政策实施、政策监督的分类框架将福利治理划分为27种类型（Stepan et al. 2012）。英国社会学学者鲍伯·杰索普（1999）指出福利治理涉及三个议题：变化中的福利定义、变化中的传递制度、福利传递过程中的实践。福利治理作为一个融合性的概念，涵盖了福利的产生、传递与供给的系统化实现过程（韩央迪，2012）。

作为西方福利发展的前沿视角，福利治理从根本上讲，是将治理的研究理念与方法引入现代社会福利领域的一种实践主张（Merrien，1998；钱宁，2014）。既有对福利治理的学术考察接续了治理理论的研究脉络，尤其突出了前文提及的自组织网络及网络成员间伙伴关系的重要意义。例如，杰斯普（1999）在考察西方福利体制从凯恩斯式福利民族国家向熊彼特式工作福利后国家政体的艰难转型进程之时，发现西方国家福利混合经济（基于市场和计划的结合）正在让位给一种新的后国家混合经济，其中网络和伙伴关系变得更加重要，同时，福利治理的主体和对象都在被重构。尽管福利国家从政府管理（Goverment）转向治理（Governance），但在如何满足社会资本再生产方面仍然发挥着重要作用。因为他们试图确定职能的作用及其作用条件；同时寻求设计治理机制并在政治上组织自组织（Politically Organize Self-organization）。纽曼等学者（2008）从英国的公共服务改革中发现，福利国家的现代化转型开始更少地强调结构及体制方式的变革，而是侧重关注服务使用者自身的行为和角色的转变。当前西欧的福利混合（Welfare Mix）逐渐从一种有组织的（Organized）共性机制，凸显出无组织（Disorganized）的变化趋势，志愿机构的角色也随之发生了变化，这种机制既表现出创新动力，又兼具系统性的组织失灵特性（Bode，2006）。治理系统内部的变革为服务的使用者提供了参与治理进程的机会，决策系统的使用者参与由独立组织授权和支持，当他们得到他人支持，并且能够与共享和共同的经验相联系，而不是仅仅从个人经验发言，那么他们往往是更有效的参与者（Barnes，2002）。

2.3.2.3 福利治理研究的本土化特征

在福利治理研究的本土化进程中，学界研究的主要关注点经历了剖析西方模式、寻找借鉴领域、对比本土环境、探索可适框架等变迁路径。

首先，国内学者明确了西方福利治理的特征，指出福利治理是西方国家消除福利危机的一种手段，并以分权化、主体多元化、网络化合作共担福利责任为其主要特点（雷雨若，2018）。此外，学者也关注了西方福利治理视角对中国的借鉴意义，指出福利改革的本质是改进有限资源的配置，对中国而言，福利治理视角的借鉴意义在于如何推动社会福利行动主体间良性关系的建构，以有效满足民众的基本需求并促进公民能动性的发挥（韩央迪，2012）。同时，研究重点关注了福利治理的本土环境，指出中国社区服务的发展阶段可以分为萌动期、推进期和发展期，并经历了由政府范式向市场范式、最终形成治理范式的演变过程，呈现从行政主导到福利治理的未来走向（刘杰，2016）。中国福利治理的推进必须满足社会主义国家合法性与能力的双重需要（臧其胜，2017）。最后，国内学界已开始探索适合中国本土化经验的福利治理研究框架，例如，李迎生等（2017）把治理理论引入反贫困实践的研究，将"治理"内涵的四个维度，包括治理理念、治理目标、治理关系和治理过程，作为一个完整福利治理模型的要素，并基于该四类要素，提出了福利治理的分析框架。

总体而言，将福利治理作为核心概念的既有本土研究，在数量上不在少数，且呈现增长之势。然而，如何呈现福利治理的历史与经验视角、如何在概念成果与本土经验之间建立更深层次的关联，以及如何建构适宜中国福利实际语境的解释框架，都是国内研究亟待探究的。上述关键议题要求我们，需更深一步地考量治理及福利治理的既有研究，把握其中的现实困境和理论难题，并从本土化的发展经验入手，回应福利治理理论的本土化拓展。

2.3.2.4 小结

综上所述，本书认为既有福利治理研究考察的问题，可归结为以下三个方面：一是福利治理的历史视域，重点考察了西方福利制度的发展与变革；二是福利治理的现实形态，包括运作机制、主体关系、输送实践、传递方式等具体层面的问题；三是福利治理的效应维度，着重考察了治理的特征、结果及其作用等具体内容。福利治理议题与治理领域研究，在学术脉络上存在连贯性：福利治理议题是福利实践在治理理论研究中的拓展性应用，治理理论也为福利治理问题提供了研究路径。对二者学术关联的把握，能够帮助我们更全面地考察社区服务这一福利议题。

从解释框架的适用性方面来看，基于对治理理论及福利治理研究的考察，本书认为在西方理论对中国具体情境的解释力尚且存疑之时，套用业已成型的福利理论框架用以分析中国社区服务实践，并不适合。本书将搁置治理理论在适用性方面存在的争议，而将福利治理的核心议题作为重要的研究起点，从治理的整体视角下，分析同样作为福利议题的中国社区服务实践发展中，需要考察的相应问题。本书对治理理论框架的借用，将体现在部分章节中：与前述对研究成果的应用路径一致，后续的相应章节将把框架考察的主要议题与本土实践相对应，用以解释中国社区服务发展与输送过程中的具体问题。

基于福利治理研究的重点议题以及社会福利政策的考察维度，无论是从过程—结果的分析视角，抑或是治理内涵本身的分析维度，本书认为历史情境、资源利用、供求关系和最终效应等四个方面，对于展开社区服务这一福利实践的考察必不可少。同时，就内在逻辑而言，该四个维度作为考察福利治理的分析构成，能够前后衔接且其关联不可分割。况且，如前所指，福利治理概念的双重意涵，即分别作为要素或技术的福利，对于理解社区服务的定位，具有关键意义：因为社区服务本身贴合这种双重属性——首先是作为地方福利治理的重要内容，同时又是改善社会福利的一般性手段。总之，从社区服务议题与福利治理框架间的契合性、解释维度的理论依据与彼此关联等方面来看，将福利治理作为考察社区服务问题的分析框架，进而从情境、资源、供求和效应四个维度，展开对服务发展及输送问题的考察，是符合论证逻辑并具有理论解释力的。

因而，本书将福利治理研究的关键性议题，与社区服务的落脚问题衔接；同时引入治理理论的研究视角，提出能够反映福利与治理双重维度的分析框架（如图2-1所示）。该框架相较于成形的理论框架，更接近于解释具体问题的分析框架。在第三、四、五、六章节中，研究从福利情境、福利资源、福利供求和福利效应的视角，分别对应社区服务影响机制、资源系统、管理系统和实践特征的考察。尤其在第四章和第五章中，研究分别引入治理的资源和管理系统的理论研究视角，对社区服务的资源利用和管理层次展开分析，弥补福利治理考察中理论衔接的不足之处。

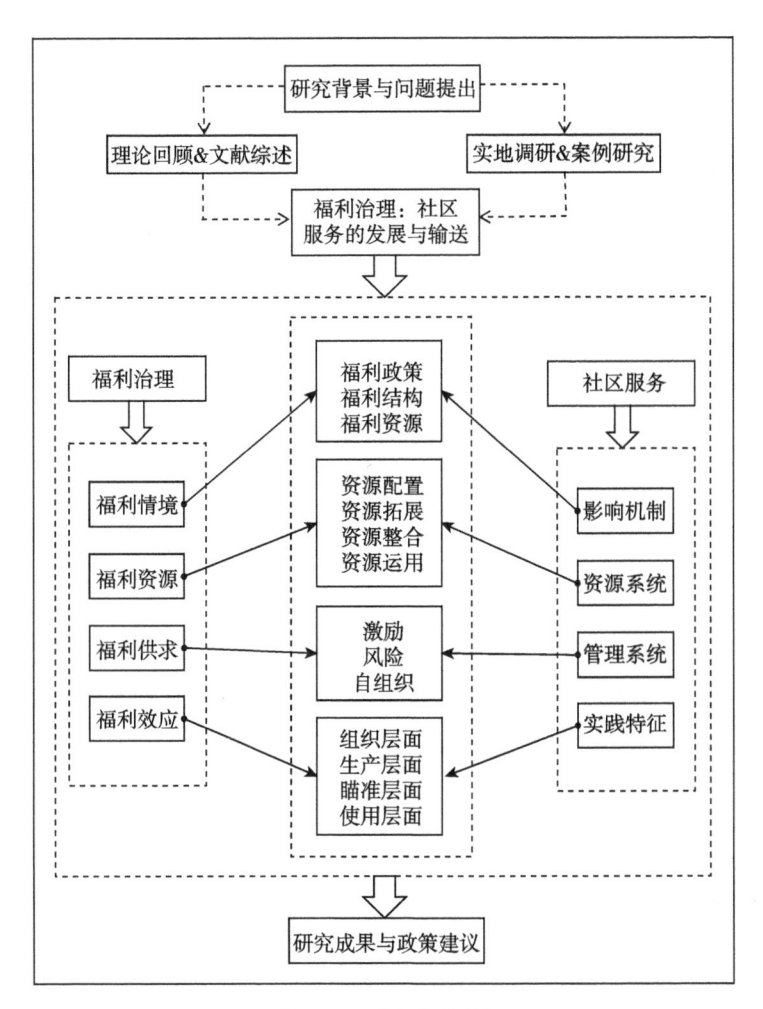

图 2-1 分析框架图

2.3.3 整体架构：篇章分布

本研究的篇章结构与分析框架对应，研究主体将重点考察社区服务的历史情境及影响机制、生产过程、输送实践以及治理效应，并在结论部分对研究发现进行提炼，进而反思社会福利政策的发展问题。由此，本书的整体架构从以下七个章节展开。

第一章，导论

本章分为4个小节，具体说明了研究开展的政策和现实背景、选题确定过程、主要研究问题、研究实现路径以及可能的创新之处等，并系统地回顾了社区服务、社会福利等相关领域的国内外研究成果。本章详细介绍了本项研究的整体设计以及研究方法，包括：调研点的选取和进入过程以及如何搜集、整理、分析经验资料等。章节最后部分从可能具有的学术贡献对研究意义进行了相关说明。

第二章，田野概述与分析框架

本章分为 3 个小节，重点介绍了研究的田野概况、核心概念以及分析框架等问题。基于治理理论基础，结合福利治理的研究视角，章节提出了本文的分析框架。该研究框架将作为实践议题的中国社区服务发展与作为理论支点的福利治理理论相结合，并在经验与理论之间寻找连接点，具体的衔接过程将通过第四、五、六章先后展开。

需要补充的是，此章节将本书的核心概念之一，"社区"，作为一个整体的系统性概念，提出将街道办事处的辖区范围作为社区服务资源的整体系统；而社区居委会的自治区域，则对应成为社区服务资源的子系统。同时，本章明确提出了福利治理概念的双重意涵：作为治理要素的福利和作为治理技术的福利，而由于第二重意涵所受关注不足，且定义仍存在修正的可能，本书将利用经验资料分析，在第七章就此做进一步讨论。

第三章，本土福利情境：中国社区服务的影响机制

本章分为 4 个小节，对中国社区服务发展的本土化情境，包括社区服务治理的历史情境和动力结构等关键影响因素，进行了整体性概述及归类分析。本章对中国社区服务影响机制的论述从三个层面展开，具体包括：中国社区服务发展的政策演变情况、中国特有的与社会结构变迁相关的福利结构特征，以及影响社区服务生产的补充性福利资源。这些维度作为社区"内外"和纵向历史分析的关键要素，共同构成了中国社区服务的独特发展情境。对上述维度的简要论述，为理解第四、五、六章中，社区服务在当下的展开逻辑及其影响机制，提供了重要依据。

第四章，福利资源利用：社区服务的生产与再生产

本章分为 5 个小节，从福利治理的资源系统出发，先后从资源配置、资源拓展、资源整合以及资源运用等四个阶段，阐释社区服务生产与再生产的具体过程，并借此考察中国社区服务体系——"基本公共服务、便民利民服务、志愿服务有效衔接"的政策目标——的实践路径。需要说明的是，本章及第五章将分别从治理的资源系统和管理系统探讨社区服务的生产与输送过程，但治理的资源系统和管理系统是处在相互关联的动态关系之中，考察视角的划分并不能割裂二者的互动关系。

第五章，福利供求调适：输送激励、风险管控与自组织

本章分为 4 个小节，从治理的管理系统出发，并从管理的层次视角切入，将层次视角的分析维度与社区服务输送管理的重要议题关联起来，分别将人事维度、工具维度和组织维度，对应福利输送的激励机制、风险调控及伙伴关系调适，最后从以上三个对应层面加以考察。本章从福利供求调适的视角，重点关注福利主体关系及其机制问题，讨论了社区服务输送及其管理过程中的重要问题，具体包括对福利提供者的激励机制、福利参与者的风险约束以及福利主体间的关系调适问题。

第六章，福利效应考察：作为治理技术的社区服务

本章分为 5 个小节，从福利治理的第二重意涵出发，重点阐明社区服务作为治理手段，所产生的福利效应。由于第四章和第五章主要从福利治理的第一层意涵，即作为要素的福利进行治理出发，集中关注福利资源的管理、福利主体间的关系以及福利服务的输送制度和实践方式，在第四、五章节中，福利是治理的内容和对象。而本章从福利治理的另一重要内涵——作为治理技术的福利，即依托福利更好地实现治理——这一层面出发，考察福利治理的过程特征和实践效应问题，这对于反思福利体制、评估治理成效均有重要意义。

第七章，研究成果与政策建议

本章分为 4 个小节，具体包括结论、讨论、拓展和建议。首先，结合前面各章的小结内容，本章在与既有研究对话、阐述相关讨论之前，对本项研

究的初步结论进行了概述。其次，基于前文研究结果，此章节进一步提炼出本研究的总体性观点，结合既有研究展开相关讨论，从发展动力、形态"杂糅"、生产困境以及供给过程等四个方面，提出了具体的总结性论点。再次，本章从社区社会组织形态、专业社会工作嵌入以及公众参与社会治理等三个相关议题，对社区服务的发展问题做了进一步拓展性探讨。最后，基于研究结论，本章对中国社区服务发展提出了一些针对性的政策建议。

第三章
本土福利情境：中国社区服务的影响机制

法国社会学家布尔迪厄（2015：116）曾尖锐地指出，如果我们不对场域的结构进行共时性的分析，就不能把握场域的动力机制；同时，如果我们不对结构的构成、不对结构中各种位置间的张力，以及这个场域和其他场域，尤其是权力场域间的张力进行一种历史分析，也就是生成性分析，我们也不能把握这种结构。尤其是以社区为场域的研究，学者们从国家—社会与行动者、社区参与、社会资本与社会网络、日常生活与阶层、社区的分化与分化的社区这五个主题区分了本体论意义上的"'社区'研究"和方法论意义上的"社区研究"（肖林，2011）。同时既有研究也在接续吴文藻先生于20世纪30年代中期首倡的"社区研究法"，指出应将社区的整体性与局部性的合一理解为一个复合的生活世界的同时，提出只有当"横的"研究与社区内外关系和历史的"纵的"研究同时展开，社区研究方可展现其社会生活的"活生生状"（王铭铭，2016）。尽管王、吴两位学者的社区意涵与本文社区概念不尽相同，但其论述仍可为我们的实践研究，尤其在方法论层面上，提供更多启发性，尚需进一步的经验研究印证。

而从福利治理的视角来看，要想考察中国社区服务的当代发展，必须充分考虑中西方社会历史情境的不同，才能进一步找出与实践相契合的解释框架。同样是家庭、市场和国家的福利组合，在西方国家只是在不同契约组织之间调整福利责任，而在中国却可能意味着不同性质社会连带的此消彼长（周幼平等，2012）。本书认为，考察福利治理视角下的具体议题，需要基于一定的历史情境和动力结构的分析。因而，本章将首先从三个层面，具体阐述中国社区服务发展的本土情境及其发展特征，从而使得后文论述中关于社区服务在当下展开的逻辑，可以得到更为清晰的历史与机制关联。这三个层面包括：促成社区服务产生同时伴随其发展的福利政策、结构及资源等本土福利影响因素。本书后续章节的经验分析将表明，本章阐释的社区"内外"且"纵横"相间的三重因素，对当代中国社区服务的发展与输送实践产生着深刻而长远的影响。

第一节　福利政策：社区服务的机制与结构

3.1.1　政策发端：中国社区服务的提出和探索

直至20世纪80年代中后期，中国现代意义上的社区服务才开始正式出现。1987年7月，民政部在大连市召开民政工作现场座谈会，正式提出了开展社区服务的构想，并指出社区服务就是"在政府的领导下，发动和组织社区内的成员开展互助性社会服务活动，就地解决本社区的社会问题"（李春，2013）。同年9月，民政部在武汉召开了全国城市社区服务工作座谈会，会议明确提出了"社区服务"的发展方向，并提出城市社区服务应从七个方面做起，即老人服务、残疾人服务、优抚对象服务、困难户服务、儿童服务、家庭服务和其他便民服务，逐步形成服务网络，并不断延伸和扩展（白云，1987）。1989年10月，民政部在杭州再次召开了全国城市社区服务工作经验交流会，交流会提到的两条有关社区服务的基本经验是"坚持社会福利社会办，依靠基层，动员社会力量，多层次、多形式，多渠道兴办社会福利服务事业"和"运用社会化管理的工作方法，实行广泛的社会合作，以较少的投放取得较高的效益"。同年12月全国人大常委会正式通过了《中华人民共和国城市居民委员会组织法》，其中第四条明确提出"居民委员会应当开展便民利民的社区服务活动，可以兴办有关的服务事业"，这是"社区服务"概念首次进入法律条文，而后在1990年12月通过的《中华人民共和国残疾人保障法》中，使用了"城乡社区服务网"的概念，要求和其他"医疗预防保健网、残疾人组织、残疾人家庭和其他社会力量"一同投入残疾人的社区康复工作中。1991年4月，在全国人大审议通过的《中华人民共和国国民经济和社会发展十年规划和第八个五年计划纲要》中，提出了"建立和完善社区服务体系"的发展目标。至此，社区服务这样一个政策性概念的提出过程基本上趋于完整，尽管此时这一概念的界定仍非常模糊，对其发展目标和实践领域的描述也较为碎片化，并且可以预想其在实际操作中面临的现实困难，但这一时期对社区服务发展的基本导向却是较为明确的，即社会福利社会办，在社会转型的大背景下，这种强调社会自主提供社区服务的发展理念，是与单位社会解体与福利社会化的发展趋势相适应的。

但社会自我服务的能力毕竟有限，而政府也受自身财政状况限制投入不足，社区服务从发端开始就一直面临着资金瓶颈。1992年6月由中共中央、国务院颁布的《关于加快发展第三产业的决定》中，明确将"居民服务业"列为第三产业的重点发展内容，该政策一方面督促原有单位服务体制尽快完成社会化改革，另一方面鼓励既有的社会服务业实现产业化发展。此后，为了进一步提升社区服务的发展活力，同时适应党的十四大提出的建立社会主义市场经济体制的需要，1993年民政部联合当时的国家计委、劳动部、卫生部、中国老龄委等十四部委下发了《关于加快发展社区服务业的意见》，将社区服务"作为新时期探索社会福利社会办和职工福利向社会开放的一条新路子"，推动社区服务"以产业化、社会化为方向，根据社区服务业具有社会福利性的特点，实行不同的经营管理方式"。1996年3月通过的《中华人民共和国国民经济和社会发展"九五"计划和2010年远景目标纲要》指出中国要"积极发展社会福利事业和社区服务"。2000年11月，中共中央办公厅、国务院办公厅转发的《民政部关于在全国推进城市社区建设的意见》，明确将拓展社区服务列为城市社区建设的首要工作内容和重点发展项目，提出"要坚持社会化、产业化的发展方向""在大中城市，要重点抓好城区、街道办事处社区服务中心和社区居委会社区服务站的建设与管理"，并确立了社区服务的"四个面向"，包括"面向老年人、儿童、残疾人、社会贫困户、优抚对象的社会救助和福利服务，面向社区居民的便民利民服务，面向社区单位的社会化服务，面向下岗职工的再就业服务和社会保障社会化服务"。2001年3月通过的《中华人民共和国国民经济和社会发展第十个五年计划纲要》进一步强调了"优化配置和充实社区服务设施，鼓励创办各种便民利民的社区服务企业，壮大社区服务业"的发展构想。直至2006年国务院出台《关于加强和改进社区服务工作的意见》之前，对社区服务的属性问题及其运行争议在此一阶段集中出现。从政策导向上看，尽管在十四部委发布的《关于加快发展社区服务业的意见》中，仍明确指出社区服务业具有"福利性、群众性、服务性、区域性"四方面属性，但随着社区服务业概念的提出和使用，社区服务的产业属性确实在这一时期被激活，虽然"四个面向"在某种程度上来看对社区服务的产业化转型有所限定，但社区服务业的经营属性无疑将使社区服务的"面向"更加广泛。此后，中国社区服务作为社区建设等工作的重要内容，在基层治理的实践中不断调适和发展，而政策学界对于社区服务的福利性与公益性，或经营性与商业性的属性论争则日趋增多。

总体而言，中国社区服务在政策发端阶段，外在表现为社区服务概念体系提出的时间序列，内在包含着社区服务属性探索的纵向调适。概念体系经历了概念提出、发展构想、合法化的过程，并通过其他包括"城乡社区服务网""社区服务体系"等概念的使用，将社区服务从单一的政策用语拓展成为可操作化的概念，从而应用到具体实践当中。在内在方面，福利政策对社区服务属性的探索也历经了纵向转变过程，这一过程可简要归结为从20世纪80年代末的社会化为主、产业化为辅，到20世纪90年代中期产业化呼声占据主导，进而到21世纪初回归社会化为主的导向。以上是中国社区服务在政策发端阶段的纵向特征。

3.1.2 政策演进：中国社区服务的均衡与包容

21世纪是中国社区服务政策的主要演进阶段，原因有二：一是进入21世纪以来，中国现代意义上的社区服务方才真正进入发展期，此前主流的基层社会服务，其中一类受城市管理体制影响，依然保留着单位制下的公共服务模式形态，另一类作为新兴的社区服务业，存在着一定的福利性争议，均与本书探讨的社区服务模式有所区别，因而从实践层面上看，无需重点考察；二是进入21世纪以来，国家日益重视城市社区建设和社会福利问题，先后出台相关政策促进基层福利和服务的发展，此一时间跨度下对社区服务的政策话语体系方才建立起来，所以从政策层面看，由此一时间节点梳理中国主要的社区服务政策，显得更为准确且尤为必要。由于社区服务的国家级政策文件主要由国务院或民政部制定或发布，因此本书对两个部委官网的政策文件（最早的政策恰巧也是2000年）进行了筛选梳理，形成以下政策列表（见表3-1）。

表3-1　21世纪以来中国社区服务的主要政策文件

服务类目	成（发）文时间	部门机构	政策文件	相关文本摘录
社会保障类	2000-12-25	国务院	《关于完善城镇社会保障体系的试点方案》	推动社会保障管理和服务的社会化 从企业剥离出来的社会保障事务性工作，除了社会保险经办机构承接一部分外，主要由街道和社区服务组织承担
残疾人扶助	2004-10-17	民政部等	《关于进一步加强扶助贫困残疾人工作的意见》	为贫困残疾人提供社区生活服务。城乡社区要将残疾人基本生活需求纳入社区服务内容 基层残疾人组织要在扶助贫困残疾人工作中充分发挥作用
社区卫生服务	2006-02-21	国务院	《国务院关于发展城市社区卫生服务的指导意见》	推进社区卫生服务体系建设 坚持公益性质 坚持政府主导、鼓励社会参与
社区服务	2006-04-09	国务院	《国务院关于加强和改进社区服务工作的意见》	使政府公共服务覆盖到社区 充分发挥社区居委会在社区服务中的作用 培育社区服务民间组织，组织开展社区志愿服务活动 鼓励和支持各类组织、企业和个人开展社区服务

续表

服务类目			政策文件	相关文本摘录
社区服务体系	2007-05-14	国家发展改革委、民政部	《"十一五"社区服务体系发展规划》	社区服务体系是指以各类社区服务设施为基础，以社区居民、驻区单位为服务对象，以满足社区居民公共服务和多样性生活服务需求为主要内容，政府引导支持，多方共同参与的服务网络及运行机制
经济流通类	2008-12-30	国务院办公厅	《国务院办公厅关于搞活流通扩大消费的意见》	增强社区服务功能，扩大城市消费 进一步完善城市社区便民服务设施
农村社区建设	2009-03-06	民政部	《关于开展"农村社区建设实验全覆盖"创建活动的通知》	初步构筑起社区基本公共服务、志愿服务和互助服务、社区服务业相衔接的农村社区服务体系
老龄事业	2011-09-17	国务院	《中国老龄事业发展"十二五"规划》	构建居家为基础、社区为依托、机构为支撑的社会养老服务体系
养老服务体系	2011-12-16	国务院办公厅	《社会养老服务体系建设规划（2011—2015年）》	社会养老服务体系建设应以居家为基础、社区为依托、机构为支撑
社区服务体系	2011-12-20	国务院办公厅	《社区服务体系建设规划（2011—2015年）》	社区服务体系，是指以社区为基本单元，以各类社区服务设施为依托，以社区全体居民、驻社区单位为对象，以公共服务、志愿服务、便民利民服务为主要内容，以满足社区居民生活需求、提高社区居民生活质量为目标，党委统一领导、政府主导支持、社会多元参与的服务网络及运行机制
服务信息化	2014-10-30	民政部等	《关于开展养老服务和社区服务信息惠民工程试点工作的通知》	推进互联网、物联网等信息技术在养老服务和社区服务领域的广泛应用 优先支持居家和社区养老服务项目，吸纳社区志愿服务和商业服务资源，建设一体化社区信息服务站
合作社改革	2015-03-23	中共中央、国务院	《中共中央 国务院关于深化供销合作社综合改革的决定》	打造城乡社区综合服务平台 加快建设农村综合服务社和城乡社区服务中心（站），为城乡居民提供日用消费品、文体娱乐、养老幼教、就业培训等多样化服务
农村社区建设	2015-05-22	民政部	《民政部关于学习贯彻〈关于深入推进农村社区建设试点工作的指导意见〉的通知》	健全农村社区服务设施 丰富农村社区服务内容 推进农村社区、社会组织、社会工作联动机制建设

续表

服务类目			政策文件	相关文本摘录
农村社区建设	2015-05-31	中共中央办公厅、国务院办公厅	《关于深入推进农村社区建设试点工作的指导意见》	提升农村社区公共服务供给水平 推动农村社区公益性服务、市场化服务创新发展
养老服务	2015-11-18	卫生计生委、民政部等	《关于推进医疗卫生与养老服务相结合的指导意见》	推动医疗卫生服务延伸至社区、家庭。充分依托社区各类服务和信息网络平台，实现基层医疗卫生机构与社区养老服务机构的无缝对接
经济流通类	2016-04-15	国务院办公厅	《国务院办公厅关于深入实施"互联网+流通"行动计划的意见》	积极促进电子商务进社区 大力发展社区电子商务 完善"一站式"便民服务消费功能
残疾人福利	2016-08-03	国务院	《"十三五"加快残疾人小康进程规划纲要》	建立健全以家庭为基础、社区为依托、机构为支撑的残疾人托养服务体系，实现与儿童、老年人护理照料服务体系的衔接和资源共享
老年教育	2016-10-05	国务院办公厅	《老年教育发展规划（2016—2020年）》	扩大老年教育资源供给 优先发展城乡社区老年教育
城乡社区服务体系	2016-10-28	民政部等	《城乡社区服务体系建设规划（2016—2020年）》	城乡社区服务体系建设发展不平衡 城乡社区服务设施配套和技术更新相对滞后，服务项目和资源投入依然紧张 社会力量和市场主体参与不充分
养老服务	2016-12-07	国务院办公厅	《国务院办公厅关于全面放开养老服务市场提升养老服务质量的若干意见》	大力提升居家社区养老生活品质 推进居家社区养老服务全覆盖
老龄事业	2017-02-28	国务院	《"十三五"国家老龄事业发展和养老体系建设规划》	以居家为基础、社区为依托、机构为补充、医养相结合的养老服务体系初步形成
儿童福利	2019-04-17	国务院办公厅	《国务院办公厅关于促进3岁以下婴幼儿照护服务发展的指导意见》	发挥城乡社区公共服务设施的婴幼儿照护服务功能，加强社区婴幼儿照护服务设施与社区服务中心（站）及社区卫生、文化、体育等设施的功能衔接

从以上中国社区服务主要政策的服务对象上看，除了公共机构、设施以及服务体系的完善是面向全体居民，还包括以老年群体福利为主，兼顾残疾人、儿童群体的扶助及福利建设，从横向上归纳政策的总体分布特征，可以

说中国现有的社区服务主要政策基本形成了均衡的项目服务结构。一方面，政策结构覆盖了广泛的服务目标群体——全部的社区居民，并且还在不断提升整体的服务质量和水平，这体现了均衡结构的静态发展；另一方面，将特殊群体与社区服务关联起来，其中以与老年群体福利保障关联的政策居多，儿童福利的加入也呼应了国家对生育政策的调整趋势，这呈现了社区服务政策均衡结构的动态层面。此外，老年福利政策在服务内容上，以建设社区居家养老体系为主体，主要目标为提升社区的养老服务功能，但随着养老领域的实践发展，此类政策的目标也会发生对应性调整，例如，在2011年国务院印发的以老龄事业和老年服务业为主题的两个政策文件中，均强调了构建社会养老服务体系的目标，具体内容包括"居家为基础、社区为依托、机构为支撑"；在2017年国务院印发的老龄事业发展规划中，此一目标调整为"居家为基础、社区为依托、机构为补充、医养相结合"，这一方面回应了2015年由当时的卫生计生委等部门联合印发的推进医疗卫生与养老服务结合工作意见，同时也基于养老服务机构的实际发展情况做了相应调整。简言之，进入21世纪的社区服务发展时期，中国社区服务政策在项目结构上保持了均衡的发展态势，同时兼有整体平稳发展与局部动态调整的发展特征。

从纵向的政策演变来看，中国社区服务的主要政策随着时间推移，关注的服务项目种类逐渐增多，且更加注重服务领域以及地域等方面的兼容发展。例如，从政策上更加兼顾了老龄事业与产业的发展、在地域导向上由城市为主转向兼顾城市与乡村的社区服务体系建设等。同时，当前政策与以往相比，更加关注社区服务发展中的政策配套问题，由单一的服务政策向关联的服务体系建设发展，进一步凸显了政策的包容性。例如，一些政策重视以信息技术相关政策支持社区服务体系建设，用经济流动类政策措施促进城市社区便民服务的建设，以及先后颁布了能够促进农村社区服务体系建设的农村社区建设、供销合作社改革等政策措施。一系列的政策配套举措，实际上从政策层面将社区服务体系与其他领域之间建立了关联，这也势必会为社区服务体系建设带来更多资源和发展机遇。

总体而言，中国社区服务的政策演进过程与社区服务对象的变化脉络、服务内容的变迁轨迹以及服务理念的转变路径等相互交织，并由此形成横向均衡、纵向包容的政策价值导向。社区服务的政策理念，无论从横向还是纵向上看，最初都源于社会保障功能的稳定化目标，逐步过渡到社会福利发展的共享化理念。王思斌（2015：10）提出，社会福利有狭义和广义的区分，狭义的社会福利主要是指向困难群体提供的带有福利性的社会支持，具体包括物质支持和服务支持，而广义的社会福利则是指面对广大社会成员并改善其物质和文化生活的一切措施，是社会成员生活的良好状态。而本节在广义的福利政策视野下，考察中国社区服务的演进，即可发现其深度与广度的拓展过程。

3.1.3 政策拐点：中国社区服务的阶段及特征

从20世纪80年代末期开始，与社区服务发展相关的政策经历了概念提出、路径探索、结构均衡、体系包容的总体发展路径。概念提出和路径探索作为社区服务总体发展历程中的兴起阶段，均有较为清晰的起始时间或政策节点。21世纪以来中国社区服务进入蓬勃的发展时期，逐步建立起更加均衡的政策结构和包容的政策体系，但这一历程发展至今，与兴起阶段仍紧密衔接，很难以明确的界限将中国社区服务的发展划分为二。尽管有学者提出中国社区服务发展"四段式"的观点，具体包括20世纪80年代中期至末期的起步、20世纪80年代末至90年代初的推广、90年代初至90年代末的初步探索以及21世纪以来的继续探索等阶段（李迎生，2009），还有时间跨度更为精确的"三段式"观点，具体包括1987年至1993年为中国社区服务的提出与探索阶段、1993年至2006年是以效率为导向的中国社区服务产业化阶段以及2006年至今是社区服务公平与效率并重的均衡发展阶段（李春，2013）。此类对中国社区服务发展阶段的论断，大多是将某个政策的颁布时间作为一个节点，进而宣告一个发展阶段的开始，同时又以同一节点默认了上一阶段的结束。虽然，这些划分为读者理解社区服务发展过程中的一些突出的阶段性特征提供了清晰的范本，但这里值得探讨的是，即使一个政策文件确实能够反映未来一段时间内社区服务的发展方向，但只要政策尚未被废止，那么就算反复被修正，它的效力也还存在。换言之，即使新的阶段开始，也不能代表过往阶段的停止，以简单的分段式方法理解中国社区服务的发展历程存在逻辑上的缺陷。因而，本书虽提出了中国社区服务在政策引导下的总体发展路径，但并不认为可以将四种路径分割为四个彼此首尾接续的时段。若以时间维度看待本书所述四种路径的关系，它们将是前后关联、重叠式推进的关系，而必然不是前后分割、衔接式延续的状态。

尽管中国社区服务发展的总体历程难以分段，但针对社区服务本身的四个政策作为重要的发展节点，还是反映出了近15年以来，中国社区服务建构成形过程中的一些阶段性特征。此前，社区服务的概念虽然一经提出不久便出现在法律条文中，后又以国家政策的形式提倡并推广，但始终是作为其他政策项目的关联概念而使用的，例如，作为居民委员会的工作职能，作为弱势群体的保障手段，作为社会福利的事业构成，作为第三产业的发展内容等，都曾经是社区服务在政策体系中的角色定位。尤其是结合20世纪90年代社区服务兴起阶段的法律或政策条文中的概念应用来看，社区服务的政策定位经历了由模糊到清晰的发展历程，而在这一进程中，表3-2中的政策文件作为社区服务发展至今，仅有的四个社区服务类政策对目前社区服务的发展形态起到了关键的形塑作用。

表3-2 社区服务类政策文件

时间	2006-04-09	2007-05-14	2011-12-20	2016-10-28
名称	国务院关于加强和改进社区服务工作的意见	国家发展改革委、民政部关于印发"十一五"社区服务体系发展规划的通知	国务院办公厅关于印发社区服务体系建设规划（2011—2015年）的通知	关于印发《城乡社区服务体系建设规划（2016—2020年）》的通知
原则	以人为本 社会化 分类指导	以人为本、公平对待 社会化、多样化、专业化 全面发展、突出重点 合理规划、资源整合 因地制宜、分类指导	以人为本，服务居民 政府主导，社会参与 资源整合，共建共享 因地制宜，分类指导	人民主体，多元参与 统筹城乡，补齐短板 持续发展，创新引领 资源整合，精细服务

续表

时间	2006-04-09	2007-05-14	2011-12-20	2016-10-28
目标	通过努力，逐步建立与社会主义市场经济体制相适应，覆盖社区全体成员、服务主体多元、服务功能完善、服务质量和管理水平较高的社区服务体系，努力实现社区居民困有所助、难有所帮、需有所应	立足街道、社区，以社区综合服务设施为主体、各类专项服务设施相配套的社区服务设施网络，形成多方参与、权责明晰、配置合理、和谐有序、可持续发展的运行机制，初步建立起覆盖社区全体成员、服务主体多元、服务功能完善、服务质量和管理水平较高的社区服务体系	1.综合性、多功能的社区服务设施网络 2.公共服务、便民利民服务、志愿服务有效衔接的社区服务体系 3.壮大社区服务队伍 4.完善社区服务体制机制	1.到2020年，基本公共服务、便民利民服务、志愿服务有效衔接的城乡社区服务机制更加成熟 2.城乡社区服务设施布局更加完善 3.城乡社区服务信息化发展格局基本形成 4.城乡社区服务人才队伍更加健全
任务	1.政府公共服务覆盖社区 2.发挥社区居委会作用 3.培育社区生活服务类民间组织，发展社区志愿服务 4.引导组织、企业和个人开展社区服务 5.政府指导和监管	1.全方位、多层次的社区服务业 2.社区、街道、区（市）分工协作的社区服务网络 3.社区服务信息化 4.社区服务组织体系	1.社区服务多层次、多样化 2.社区服务设施网络 3.社区服务人才队伍建设 4.社区服务体制机制创新 5.社区公共服务设施等重点工程建设	1.城乡社区服务机构 2.城乡社区服务供给 3.城乡社区服务设施网络 4.城乡社区服务人才队伍 5.城乡社区服务信息化 6.城乡社区服务机制创新

注：上述内容是依据政策文件内容拣选整理而成，文件来源与表3-1一致。

2006年国务院印发的《国务院关于加强和改进社区服务工作的意见》（简称"《意见》"）以及2007年国家发展改革委、民政部印发的《"十一五"社区服务体系发展规划》（简称"2007《规划》"）都是在国家"十一五"规划的背景下发布的政策文件。《意见》对中国社区服务发展最重要的政策意义在于实现了"社区服务业"向"社区服务工作"的转向，使中国社区服务在社会主义市场经济发展初期开始的产业化的探索，在一定程度上重新回归了社会化为主的发展路径，明确论及了"发挥政府、社区居委会、民间组织、驻社区单位、企业及个人在社区服务中的作用，政府提供公共服务，鼓励、支持社区居民和社会力量参与社区服务"，强调了服务主体的多元性。2007《规划》首次在政府政策文件中提出"社区服务体系"概念，该文件也是最先阐释这一概念的国家专项规划。同时，2007《规划》还定义了社区、街道、区（市）分工协作的社区服务网络，强调要在社区层级建设社区服务站、街道设置社区服务中心以及市、区层级设社区服务中心，这一概念也在此后作为政策用语被广泛使用。值得注意的是，即使从社区服务类政策的总体发展上看，经历了"社区服务业"到"社区服务工作"，再到"社区服务体系"的先后三个概念变迁，在2007《规划》的重点任务中仍使用了"社区服务业"的概念，尽管在此后的政策用语中这一概念已被淡化，但仍可见对社区服务产业化的探索并未随《意见》的颁发而终止。并且，2011年国务院办公厅印发的《社区服务体系建设规划（2011-2015年）》（简称"2011《规划》"）中沿用了"社区服务工作"，但不再使用"社区服务业"的概念，直至2016年民政部等部门印发的《城乡社区服务体系建设规划（2016-2020年）》（简称"2016《规划》"），其中两个概念都没有出现，只使用了"社区服务体系"概念。2011《规划》对社区服务体系概念进行了完善，首次将其明确界定为"以公共服务、志愿服务、便民利民服务为主要内容"，此后包括2016《规划》等政策均维持了此一概念（概念界定详见表3-1）。2016《规划》旨在保持社区服务体系建设的总体上升态势，提升乡村社区服务水平，促进城乡社区服务领域的均衡发展。

　　以上四个社区服务类政策文件，本质上体现了"十一五"至"十三五"期间，社区服务发展整体布局的三阶段理念，每个阶段对应了社区服务政策话语的不同特征。第一阶段是筑基，由《意见》和2007《规划》两个政策文件构成，在社会和学界对于社区服务产业化发展路径存在争论之时，该阶段以政策之力，倡导社区服务供给重回社会化为主、兼顾多样化专业化的总体发展目标，提出"社区服务体系"概念，提倡多元主体参与，并从国家—社会协作的视角确定了社区、街道、区（市）分工协作的社区服务网络，为后续社区服务发展定下了多元参与、体系建设、分工协作的基调。第二阶段是定向阶段，从2011《规划》完善了"社区服务体系"概念后，"公共服务、志愿服务、便民利民服务"便成为社区服务体系建设的三个主要方向。第三阶段的特征是并行，在夯实已有的建设成果的基础上，加强城市与乡村社区服务的对接和融合。立基、定向和并行，概括了中国社区服务在21世纪以来的发展期中的阶段性特征，而这些阶段以重要的政策节点划分并紧密关联，深刻影响着中国社区服务的未来发展方向。

第二节　福利结构：后单位时期的社会福利特征

3.2.1 组织形式：由单位组织到社区治理

自中华人民共和国成立以来，单位便成为我国最基本的、也最具普遍性的一种特殊的组织形式。参照根据地建设经验城市社会秩序进行了大规模重组，社会上几乎所有的企事业机构都纳入了国家体系而成为单位（路风，1989）。在计划经济时期的单位体制下，我们社会的联结模式以"国家—单位—个人"为特征。随着改革开放的不断深入，社会结构发生重大变化，将单位作为国家与个人之间联结点的单位制面临松动解体，个人也由"单位人"变为"社会人""社区人"。由于单位制的解体，住房的商品化，劳动力市场的构建以及土地城市化等多重机制的复杂作用，传统社会管理模式的基础不复存在了，社区作为组成社会的基础，在空间结构、利益关系和治理架构等方面逐渐出现了一种碎片化的状态（李强等，2013）。

而后，作为初级社会群体或者说社会联结的中间组织的"单位"，其所承载的多重社会功能转至社会来承接。而社区作为重要载体，一方面承担了大量的社会服务功能，另外在理论研究与实践空间中，被期许发展成为又一个初级社会群体，以分担更多的社会联结功能。"如果在政府与个人之间没有一系列次级群体的存在，那么国家也就不可能存在下去。如果这些次级群体与个人的联系非常紧密，那么它们就会强劲地把个人吸收进群体活动里，并以此把个人纳入社会生活的主流之中"；如果缺少此类中间组织，则"国家与个人的距离变得越来越远，两者之间的关系也越来越流于表面，越来越时断时续，国家已经无法切入个人的意识深处，无法把它们结合在一起"（涂尔干，2000：40）。随着"单位人"变成了"社会人""社区人"，社区已经取代单位成为社会生活与国家治理的基本单元，这一观点得到广泛认同。对社区组织以及社区服务功能的关注，实际也是对社会联结与社会整合的关注。

社会走出"单位制"与个人重返"社会人"引发了社会治理方面的一系列重要趋势，包括：社会问题和社会矛盾的新情况不断显现；社会问题与社会矛盾在基层社区的集结聚合；公共服务和社会治理的"社区化"趋势；基层社区在构建"服务—治理—管理"新型关系的过程中，逐步形成"管控型"转向"服务型"的社区治理新理念新思路、社会资源配置社区化的社区治理新机制、网络化基层时代的社区治理新技术以及社区社会工作与社区治理的新途径（杨敏等，2013）。公共服务与社会管理向基层社区的下沉，也是当前中国社会治理的一种新趋势，即"社会治理的社区化"（杨敏，2010）。中国整体社会结构的发展与转型，使基层社会被赋予了越来越多的治理职能，这也为基层社区服务的发展奠定了基本的社会结构背景。

3.2.2 福利类型：由单位福利到社会福利

改革开放以来，中国社区性质发生根本性转变，总体趋势由政治化社区转变为社会化社区，城市社区福利模式也由政治取向的身份化福利向去政治化的生活化福利模式转变，其实质是由政治性福利向经济社会性福利转变（刘继同，2003）。学者王思斌（2009）指出了在社会转型过程中，社会福利问题社区化的趋势，福利保障从由单位承担到被推向社会，而在民间社会服务机构不发达的情况下，推向社会就是推向社区，于是社区被赋予协助政府向失业者、退休人员、无业者提供社会保障和福利服务的功能。另外，家庭也不得不较多地承担起自助的责任。这样，社会福利问题被社区化了。

另外王思斌（2009）以吉尔伯特等学者的福利输送理论特别是其获得

性概念为参考框架，分析中国城市社区福利服务并指出其在总体上具有弱可获得性特点。另有学者韦克难（2013）从实证角度，以福利多元主义的视角分析了解决这种弱可获得性的途径，具体包括：政府的责任与扶持、非营利组织的发展和社区福利服务队伍建设。杨团（2000）指出社区化社会保障新体系形成有其理论依据，该体系适应中国社会走向市场化的社会基础的变动，适应中国的社会分层新格局及区域间差异扩大的现实，适应中国的历史文化传统，适应中国传统的伦理道德，也适应市场体制下新道德的发育。从国外的发展趋势来看，社会福利政策的变化包括去机构化、正常化、社会融合化，着力推进由社区提供保护和服务。在社会福利服务去机构化发展趋势的推动下，社会福利的中心将从以机构福利为主转到以社区福利为主（金炳彻，2013）。

中国的福利结构变迁受到社会结构转型的影响，福利责任主体呈现出明显的由单位福利向社会福利转变。由于其他社会服务主体发展尚不健全，社区居委会逐渐被期待承担更多社会福利职能。

3.2.3 治理困境：基层实践中的"社区失灵"

同样作为基层实践场域的重要发展议题，社区服务的发展不可避免地与社区治理问题杂糅在一起，前者的"社区"主要是泛指城市基层的行政区域，其内涵更多是社会学意义上的，而后者的"社区"则更多指代以社区居委会为边界划分的地域。以社区及其治理为对象的研究，不同学者提出了针对性意见及启发性建议，国内外管理学、社会学、政治学、心理学等多学科学者都对社区治理这一重要学术议题进行了反思。

研究指出，中国城市社区的治理过程中普遍存在社区失灵的状况，主要有社区治理缺位、社区治理越位或滥用、社区治理成本太高等表现，同时，作为三个主要治理主体的居民委员会、业主委员会和物业管理委员会之间的非理性博弈会加剧社区治理整体效能的低下（史云贵，2013）。葛天任（2014）指出经济社会转型过程中，城市基层社区在其社会空间结构、利益结构和权力结构方面已经碎片化，尽管国家通过多种政策措施或制度调整加强了社区管理，推进了社区治理模式的变革，但是由于社区的碎片化，社区的有效治理仍然难以实现；而这种社区的碎片化，本质上是在社会发展和转型过程中政府、市场和社会三者之间的关系调整变化的结果。国家对社区的行政管理随着社区委员会的日渐式微正转向间接和隐性的方式，来自市场的物业公司对社区的经济侵入并未赢得治理权威，代表社区居民利益的业委会受困于维权难等未获得预期的成长（闵学勤，2014）。向德平等（2013）指出社区还面临"社区参与困境"，即社区建设过程中出现的社区参与主体"不参与"的境遇，政府自上而下的行政管理与社区居民自下而上的社区自治不能有效对接互动，成为破解社区参与困境中的元问题，一些制度化尝试诸如社区参理事会，为自下而上的利益表达和民智聚合、扩大社区自主权提供了机会和平台。此外，社区治理中权责不对称的情况严重，基层组织间权责不明、基层组织与居民间权责松散是这种局面的突出表现（陈朋，2015）。

国内外学界对社区领域的相关研究不断在反思中发展，从研究对象的扩展到方法论的修正。国外社区治理研究早已突破"社区内部互动论"的研究范畴，且国家的"元治理"作用得到重新审视，合作治理几乎成为共识性的分析框架，并且借由政策网络、国家与社会关系、社会资本理论等视角，跟进了例如社区失灵、治理网络有效性等新的研究问题（吴晓林等，2015）。国内学界对社区治理的理解，关键要探究其背后的治理结构和治理过程。对社区治理结构和过程的研究，虽然已经从"社区内部互动论"过渡到"内外互动论"，并且逐步引入"政府社会合作治理"理论，但是并未明确不同治理主体间的关系，也难以观照治理过程的细节（吴晓林，2015b）。许多心理过程在不同的情境（Contexts）下可能会有不同的表现，情境因素与个体的社会文化特征相互作用，反过来，人们也可以塑造社区环境（Community Contexts），在社区环境对人类福利的影响研究中，需要注意人与环境之间的相互关系以及环境对于不同人群的影响方式（Shinn *et al.* 2003）。

作为社会福利的主体构成之一，社区居委会在自身治理层面即面临诸多困境；这无疑会对依托居委会供给的基层福利服务发展带来一定局限作用。协助基层治理是社区居委会工作的主要构成，从现实层面看，社区工作者很难在基层治理碎片化或内卷化等困境中，进一步兼顾基层福利服务发展。

第三节　福利资源：作为补充资源的社区社会组织

3.3.1 组织形态：民间组织、社会团体与社会组织

中国的社区社会组织发展最早大概要追溯到20世纪社会组织的发展起源。在20世纪初到中华人民共和国成立这一特殊时期，中国社会出现了大量的民间组织，其中较为活跃的至少包含以下六类：商会与行业协会、互助与慈善组织、学术性组织、政治性组织、文艺性组织以及被蒙上神秘面纱的"会党"或秘密结社（王名等，2002：29-60）。而后在中华人民共和国成立初期，1950年政务院颁布了《社会团体登记暂行办法》，使用"社会团体"的概念来定义民间组织，并从国家政权的角度初步建立了规范民间社团的管理体系（王名等，2002）。改革开放以后，社会团体和民间组织的数量不断攀升，政府也更加重视社会组织的发展问题，并相继出台法律政策规范社会组织的登记管理问题。随着社会治理的下沉和福利服务的社会化发展，近年来对社区社会组织这一基层社会组织形式的政策关怀和学术关注逐渐增多，民间组织、社会团体与社会组织的概念也常常互为替代使用。

党的二十大报告指出："健全共建共治共享的社会治理制度，提升社会治理效能。"这体现了对社会治理问题的高度重视。此前，2009年，《民政部关于进一步推进和谐社区建设工作的意见》中指出要"建立健全共青团、妇联、残联、老年协会等群团组织在社区的机构，大力培育服务性、公益性、互助性社区社会组织，发挥其提供服务、反映诉求、规范行为的作用。适当放宽社区社会组织的登记条件，降低门槛，简化登记手续，及时办理备

案手续,并在活动场地等方面提供帮助"。2016年,中共中央办公厅、国务院办公厅印发了《关于改革社会组织管理制度促进社会组织健康有序发展的意见》,明确指出要"大力培育发展社区社会组织",并再次提出了"降低准入门槛、积极扶持发展、增强服务功能"的实践发展要求。2017年,《中共中央 国务院关于加强和完善城乡社区治理的意见》指出要"健全完善城乡社区治理体系""统筹发挥社会力量协同作用。制定完善孵化培育、人才引进、资金支持等扶持政策,落实税费优惠政策,大力发展在城乡社区开展纠纷调解、健康养老、教育培训、公益慈善、防灾减灾、文体娱乐、邻里互助、居民融入及农村生产技术服务等活动的社区社会组织和其他社会组织"。

由此可见,社区社会组织主要经历了由民间组织或社会团体,到正式具有合法性的社会组织的发展路径。作为公共政策鼓励和支持的发展对象,社区社会组织的功能和优势,越来越受到公共部门的认可,并被政策文本赋予了更多可待拓展的发展领域。

3.3.2 组织定位:社区社会组织的定位与功能

尽管如此,社区社会组织研究的对象主体仍然是更为广义的社会组织。不少研究由社会组织的发展探察政社关系的变迁,形成包括分类控制(康晓光等,2005)、行政吸纳社会(康晓光等,2007)、行政吸纳服务(唐文玉,2010)、监护型控制(邓正来等,2012)、嵌入型监管(刘鹏,2011)、政府强化嵌入(汪锦军,2016)、控制与赋权(敬乂嘉,2016)、策略性收放(杨志云,2016)、调适性合作(郁建兴等,2017)、浮动控制与分层嵌入(徐盈艳等,2018)等学术观点。社会组织的自治性包含两个维度,一个是相对组织成员而言的,主要表现为组织的自主管理权力,另一个是相对于政府的,而这一层面的自治性往往较低,当此类组织自主领域的管理具有一定公共性质,并被政府借以实现公共管理或服务职能(沈岿,2003:6-7),也有学者将其定义为"管理型社会组织"(李斌,2010)。对社会组织的研究大多暗含着国家—社会的二元分析结构。而作为基层社会中杂糅着社会与公共双重属性的社区社会组织，尽管难以依赖国家—社会的二元分析范式对其进行考查，却为进一步窥察基层社会的治理关系提供了更加直接的案例对象。

此外，社会组织的发展对于中国社会的变迁具有重要作用，并早已成为学界的重要关注议题。对不同社会组织具有的共性的社会功能，学界也有一定的共识，包括：它们能够一定程度上弥补政府和市场的缺陷，提供多种社会服务（王名等，2010；葛道顺，2011；景天魁，2012）；促进社会多元治理，加强社会整合和管理变革（刘振国，2010；关信平，2011；冯钢，2012）；同时，推动国家与社会关系的发展与转型（郑杭生，2011）。除了上述社会组织的社会功能外，社区社会组织还兼具促进社区公共空间的生产（李雪萍等，2013）、积极协同社会管理改革（郁建兴等，2012）等作用。虽然社区社会组织面临一系列的发展困境，包括结构分布失衡（王名，2014：18-19）、社会影响力不高（何欣峰，2014）、资源能力缺失（刘春湘等，2011）、社会公信力不足（耿云，2013）等问题。

虽然，社区社会组织的多元功能和研究价值逐步得到认可，但学界目前对社区社会组织的案例研究并不充分。本书将从研究的不足之处入手，通过对具体案例的阐述分析，呈现社区社会组织在社区服务发展进程中的作用，并以此类社会组织的实践状况，进一步探讨微观视域下社会组织的功能构成和发展特征。

3.3.3 服务内涵：社区社会组织的构成及类别

直至2017年底，《民政部关于大力培育发展社区社会组织的意见》明确将社区社会组织定义为"由社区居民发起成立，在城乡社区开展为民服务、公益慈善、邻里互助、文体娱乐和农村生产技术服务等活动的社会组织"，同时提出"充分发挥社区社会组织的积极作用""加大对社区社会组织的培育扶持力度""加强对社区社会组织的管理服务"等实践要求。此后，对于社区社会组织的学理性讨论才逐渐增多，包括此概念的内涵和外延、种类区分及实践形态等。有学者认为按服务性质可以将社区社会组织划分为三大类，包括自益性社区社会组织（比如合唱团和舞蹈队）、互益性社区社会组织（如残障人士互助社和社区妈妈帮）以及公益性社区社会组织（比如各类社区志愿服务组织、社会服务机构、社会团体和社区公益基金会），后两种类型的社区社会组织相对较少（卢磊等，2019）。参与社区社会组织可以促进居民的志愿性社区参与行动，包括环境美化、治安服务、基础设施服务、文化教育服务以及主要面向弱势群体的慈善类服务（方亚琴等，2019）。经由社区社会组织提供的福利服务，通常属于此类志愿性社区参与行动。而由社区服务的种类来定义社区社会组织的类别也变得更加普遍。

研究表明，北京的社区社会组织的工作领域已从专注于文体活动领域，扩展到便民服务、社区治安与管理、医疗救助、科技教育、环境保护、社会心理等公共服务领域，呈现了日益多元的发展态势（卢建，2011）。而面对中国社区发展中社会资本缺失的问题，培育社区社会组织成为增进社会资本供给的一条现实路径，北京某区在此领域的实践经验可以概括为三种模式：以"技能传授"为主的师徒模式、以支持类社会组织为主导的专家向导模式和以社区社会组织为本的同伴模式（赵罗英等，2014）。截至2017年底，北京全市社会团体组织共计4586个，从1999年开始每年同比上涨，其中科技与研究类344个、生态环境类70个、教育类169个、卫生类158个、社会服务类704个、文化类409个、体育类324个、法律类61个、工商业服务类634个、宗教类42个、农业及农村发展类493个、职业及从业组织类97个、其他1081个，[①] 可见文体类仍然是社会团体组织的重要构成。从B街道社区社会组织的基本情况（附录B）来看，B街道的社区社会组织发展状况也符合此类组织的整体类型分布特征，文体活动以及志愿服务类组织成为街道社区社会组织最主要的构成。

---

① 北京市民政局计划财务处.2017年北京市民政事业发展统计公报 [EB/OL].（2019-04-11）[2019-07-27]. http://mzj.beijing.gov.cn/news/root/tjnb/2019-04/129817.shtml.

第四节　小结

　　社区服务的发展伴随着特定的制度环境、社会基础及文化诱因。从社区服务的政策演进来看，中国于1987年开始提出社区服务的发展构想，并首次将这一概念写入1989年全国人大通过的《中华人民共和国居民委员会组织法》，至此，中国社区服务的概念得以正式提出，并经过后续法律政策加以推广。而后，随着社会主义市场经济体制的确立、1992年《关于加快发展第三产业的决定》和1993年《关于加快发展社区服务业的意见》的颁布，中国社区服务开始朝产业化方向探索。进入21世纪后，与社区服务相关的政策日益增多，中国在社区服务政策领域基本形成了均衡的项目结构，既覆盖了广泛的服务目标群体，又实现了特殊群体与社区服务之间的关联，同时兼有整体平稳发展与局部动态调整的发展特征。从纵向上看，21世纪以来的中国社区服务政策也具有了更强的包容性，包括注重服务领域以及地域等方面的兼容发展，同时越发强调社区服务发展中的政策配套问题。总体而言，从20世纪80年代末期开始，与社区服务发展相关的政策经历了概念提出、路径探索、结构均衡、体系包容的总体发展路径，四种路径从时间维度看是前后关联、重叠式推进的关系，而并非分段式方法中能够彼此首尾接续的四个时段。最后，作为中国社区服务发展的关键政策节点，"十一五"至"十三五"期间颁布的四个社区服务类政策文件，对当前社区服务发展的整体布局产生了重要影响，体现了21世纪以来社区服务政策话语的三个阶段性特征：立基、定向和并行。

　　从社区服务的福利结构视角来看，中国现代意义上的社区服务兴起的时间正好处于社会的转型期，中华人民共和国成立以来形成的单位制社会面临转变，而国家的公共服务和社会管理职能又需要基层组织的承担，于是中国的社会结构经历了由单位组织向社区治理的转型，这是社区服务发展前期始终伴随的宏观社会背景。随着城市社会结构及社区性质发生转变，城市福利的供给模式也发生改变，从单位包办变迁至社会化供给。从社区服务的政策结构也可以发现，社区服务从兼具社会保障、保险、福利职能，逐步发展到以社会福利项目为主。但作为社区构成的"社区居委会"是否能承担起社区服务供给的主要角色？从基层实践和研究提出的观点来看并不乐观，以社区居委会为边界的社区在治理过程中面临着较为明显的碎片化难题，因而，前文所列政策中提及的政社分工协作的"社区服务网络"以及"政府主导，社会参与"的发展原则，正是顺应社区服务所处社会空间的正当路径。

从社区服务的补充性福利资源来看，社区社会组织作为社会组织的构成，经历了从民间组织到社会团体再到社会组织这样一个群体定位的转变。"国家—社会"是在社会组织研究中的普遍视角，改革开放以来政社关系走向深刻影响着中国社会组织的发展进程，而社会组织作为基层社会服务的内生力量，它的良性发展对社区服务的生产有着重要的驱动作用。近年来，由于有关政策对社区社会组织的关注，进一步引发了学者们对这一组织形式的研究，而以社区服务形态来定义组织类别，成为此类研究的一个特征，这也直接印证了社区社会组织与社区服务的密切关联。由于社区服务体系的政策目标由公共服务、志愿服务、便民利民服务三部分构成，而社区社会组织对其中志愿服务的发展尤为重要，因而近年增多的培育社区社会组织的呼声，除了受政策引导因素的影响，同时也是社会和文化情境下的内生需求。

第四章
福利资源利用:社区服务的生产与再生产

对福利资源的合理利用，能够创造广泛的经济、政治、文化以及社会效益，亦即"福利资本"的积累。"福利资本"指将福利视为一种社会投资，即期望在市场中得到回报的福利资源投资，这里的市场包括经济的、政治的、社会的、文化的（林南，2005），这一概念是发展型社会政策的一种理念，它强调对人力资本的投资和社会资本的积累（孙琼如，2013）。过往研究关注了福利资源的分配，将福利平等与资源分配关联起来（Roemer, 1986；张映芹，2010），抑或通过福利多元组合等理论关注福利资源的安排，强调其来源的多元化，偏重社会结构的论述（彭华民，2006）。

从中国福利事业的发展现状来看，社会资源与民间力量早已进入社会福利领域，但日益丰厚的社会以及市场资源却并未得到公共部门的有效发掘（郑功成，2011）。因此，本书所用福利资源的内涵主要是资源的福利化，即如何将社区内的社会、文化及经济资源等转化为福利资源进而用于社区服务的生产与再生产过程，体现的是资源治理过程中的一种整体主义视角。社会福利制度本身就是对社会资源进行再分配进而满足社会群体需要的制度（彭华民，2010）。此类集体福利资源对于减轻弱势群体福利问题具有重要意义，即使当前社会工作实践的语境异常重视风险、风险评估和风险管理，也不应减少此类集体福利资源（Saltkjel et al. 2017）。由于本章的核心是福利资源的利用问题，因而福利治理过程中的主体角色将围绕资源的利用而展开，那么多元主体可以主要划分为两类，一类是资源的管理方或直接供给方，另一类是资源的承接方或需求方，主体间的关系将通过资源治理过程阐发出来。

由于福利治理的理论向度和社区服务的现实发展最终都需要指向治理能力的提升，因而本章和第五章将引入治理能力的系统研究视角，并分别从治理的资源系统和管理系统切入（方法论），探讨福利治理过程中的一些具体问题。治理能力是治理任何社会实体或系统的整体能力，它由三个部分构成，被治理的系统（System-to-be-Governed）、治理的系统（Governance System）和两者间的互动关系（Governing Interactions）（Kooiman，2008）。分析传统公共部门能力的三种视角主要包括目标、管理和资源三个层面，在此基础上分析地方政府治理能力的关键要素包括目标识别与整合能力、资源整合能力、沟通协调能力和合作治理的控制能力（楼苏萍，2010）。其中，对资源维度的分析框架主要包括资源的获取、配置、整合和运用四个层次（张钢等，2004；张钢等，2005）。资源系统本身不具有能力属性，但是对它的治理成效能够真实地反映管理系统和资源系统的互动关系，资源系统问题会引发管理系统矛盾，促使相关行动者采取措施，形成有利于公众利益的管理系统结构，从而推动问题解决和公共利益实现（孙锋等，2019）。由于社区服务的各个资源主要是以配置过程为主，其他的获取性资源是补充性的，因而本章将从福利资源利用的角度，先后从资源配置、资源拓展、资源整合以及资源运用四个阶段，分析社区服务生产与再生产中的具体发展形态。如果把前文政策节点所述"基本公共服务、便民利民服务、志愿服务有效衔接的社区服务体系"作为政策目标，本章亦将通过治理的资源系统考察该政策目标的基本实现路径。

第一节　资源配置：服务子系统的差异化

前章已述，在政策环境、福利结构以及社会文化等因素的作用下，社区服务系统的资源配置差异不一而足，而这也必然影响社区服务在其内部场域的生产过程，进而导致不同子系统的社区服务形态互异，甚至相差悬殊。本节以三组彼此对应存在的社区服务资源子系统的案例，阐述作为子系统的案例社区类型在资源配置阶段的发展差距，并以此阐发社区服务资源在其子系统场域下的差异化配置形态。

4.1.1 单位型社区与社会型社区：资源不均与边缘化配置

中国计划经济时期以公有制为主导的住房实物分配体制，可以说在特定时期解决了城市职工和居民的住房问题，与此同时，它也直接促使中国城市内部出现大量基于不同单位体制而形成的社区空间。这些单位社区具有集中性、封闭性、自足性等特征（王美琴等，2011）。虽然在中国社会治理转型中，传统单位社区同社会型社区一道，逐渐被纳入城市基层管理体系，但单位型社区仍具有其独特的治理模式。其中，大院社区作为典型的单位制社区，目前仍然是中国城市社区（尤其是大中型城市）的一个重要类型。北京是目前全国大院社区分布最为集中、数量最为繁多、类型最为多样的城市，海淀区又是此类社区最为集中的城区之一，按社区群众自治力和产权单位作用力间的强弱关系可以把大院社区大致划分为共建型社区、自治型社区、后单位型社区和失序型社区（李岩等，2017）。虽然单位的松解动摇了大院的基础，使其失去维系同质性的基本力量，尤其在一些已经破产或经济效益较差的单位的大院中较为常见，然而，那些效益较好的大型企业，以及在机构改革中保留下来的行政机关和文化、教育、科研机构，维系单位大院的基本力量仍然留存（孙炳耀，2012）。此类单位型社区在社区服务发展方面，往往具有较为丰富的资源，并且通过单位与个人间的联结，以单位体制内的成员及其亲属为主要福利对象，提供较高水平的社区服务。笔者对街道工作人员、社区工作者（尤其是单位社区的居委会主任）以及大型院所的后勤分管人员等多类主体进行了走访，并通过对访谈记录、会议发言以及文本资料等经验材料的分析，尝试挖掘单位型社区与社会型社区在社区服务发展中的差异。

街道的服务管理人员提到大院大所的社区服务尤其是养老服务方面的发展水平时谈道："大院大所有后勤保障，其中有专门负责老年人事务的退休办，老人遇到问题就可以去找退休办的工作人员。"与接受上级政府试点项目扶持发展社区服务的社会型社区不同，这些大院社区的服务从近年来才开始向社区服务的模式靠拢，但至今仍保留着单位型社区特有的服务框架。"大院大所通常不会接受这种模式（NE 社区承接的公共服务项目）。一方面，大院大所以前很少参与街道的社区服务建设事宜，最近两年强调驻区管理，'街道吹哨，部门报到'，社区开会时大院大所也会派工作人员参与，以前是不会的；另一个方面，街道开展活动，没有长效机制，通常都是短期的任务。"一方面，单位型社区的服务体制相对完善，因而对政府推行的社区服务体系参与度有限；另一方面，单位型社区的服务本身源于职工、社区居委会与单位之间的关联紧密，这种单位体制的特征，是单位型社区游走在社区服务体系边缘的内在根源。"按理说，社区居委会属于自治组织，应当由街道管理。但大院社区的居委会归单位的后勤部门管理，因为其服务对象以自身的退休职工为主，就像建设老年餐桌这样的问题，参与者多为单位退休职工。比如，JD（街道辖区内某大学院所的简称）的社区居委会是由单位的后勤物业来保障。社会型的社区没有这方面的管理资源，就只能由街道来管理。另外，有一些大院所的居委会主任，可能是从院所其他职位调整过来的，后勤的人事都是由大院所来调整。JD 社区主任应该也是这种情况，算作是院所的工作人员。这种类型的工作人员不从街道拿工资，一般都是院所提供。"（访谈记录 CJ20180831）另一个大院社区的普通居民曾谈及，他们的社区主任，"中专毕业，后来提拔上去成为干部，原来管理退休办，退休后在小区里管些事。"（访谈记录 ZL20190929）

案例 4-1：JD 社区是 B 街道辖区内典型的单位型社区，依托 JD 这一知名大学院校，JD 社区在社区服务的开展方面有着非常丰富的资源，以便民服务为例，JD 社区依靠单位的支持和市场资源能够发展较高水平的便民利民服务。JD 社区居委会主任介绍，"'菜篮子'工程这块，JD 社区分两个校区，主校区原来有一个菜市场，街道还建设了'一刻钟便民服务圈'。因为前两年居民反映菜价比较高，学校党委非常重视，就责成某集团想办法再建一个，把菜价压低。该集团的理事中心由 JD 管理，可以集中采购食材满足学生的用餐需求，而且到批发市场大量采购也更优惠。学校的做法很好。同时学校非常注重社区老年人的老年餐桌问题，前两年在街道的支持下专门建了一个老年餐桌，价格和学生用餐价格是一样的，非常便宜。大部分来就餐的人都是学校的离退休老师，他们就餐既可以到社区的老年餐桌，也可以到学生食堂，相对比较方便。"此外，在公共服务向基层社会延伸方面，校方的支持和推动也为居委会协助落实社区服务建设提供了保障。"学校专门成立了加装电梯的工作小组，组长由两个副校长担任，我也是小组成员。2017年就加装电梯一事和居民们做了一年的沟通说服工作，但是没有做通。2018年年初终于做通了大家的工作，也算是试点工作，随后加装了一部电梯。电梯加装后，有居民建议对楼道进行粉刷，我当时和学校汇报了这个情况，后来学校批准了。现在已经在做扫尾工作了。"（访谈记录 JDSQ20180831）

单位型社区在社区服务方面具有自身的一套体系，例如，社区服务中心的负责人介绍说："多年以来，社区养老服务工作大多是政府单方面的事情，其中有些大院大所项目，离退休部门也做了相应工作，但是街道和大院大所（社区）之间可能没有完整对接，有的工作造成了重复。"（访谈记录 GKZ20180831）因而对于街道部门来说，要想实现政府引导的社区服务与单位型社区的单位式服务有效衔接，不仅需要加强基层政府与单位型社区间的对话机制，还要求体制本身的完善，尤其是社区服务政策的制定层面，应将单位型社区的服务模式纳入参考之列，避免服务供给的重复。

4.1.2 大社区与小社区：资源断层与透支性配置

项目是实现福利治理的一种有效的途径，诸如社会服务项目等服务系统，能够整合多元主体的福利资源，并促进福利的社会化发展，但基于项目进行福利资源整合具有一定的局限性——因为项目本身具有周期性，难以持续提供服务；从根本上说，基于项目形式的福利资源整合，只是一种实践上的整合，而最关键的是还需要在福利制度上进行整合（王才章等，2016）。虽然B街道承接了许多上级交给的试点项目，也与辖区内企业合作发展了市场化的服务,包括一刻钟便民服务圈等。但是,此类项目受上级政府的支持较大,或是服务发展本身对企业的依赖程度有限因而更容易在短期内实现。但由于自身资源匮乏,一些社区并不具备政策落地的可操作空间,以致难以对接市场资源。对于发展规模不同的社区居委会,他们在先天资源占有方面有着巨大差异,一些规模极小的社区只能通过透支性配置的方式,来使自身资源断层的问题得到短暂的过渡。

以"菜篮子"工作为例,"菜篮子"工程依照《北京市蔬菜零售网点建设管理办法》《北京市居住公共服务设施配置指标》和《北京市居住公共服务设施配置指标实施意见的通知》等文件要求。在北京市海淀区人民政府印发的《海淀区"菜篮子"工程三年行动计划（2016—2018年）》的通知中,明确提出"到2017年底,在全区范围内扶持售菜面积20平方米以上规模的零售网点累计500个;到2018年底,在全区范围内扶持售菜面积20平方米以上规模的零售网点累计700个,形成较为完善的区域蔬菜零售终端供应体系;在新建社区落实好每千人售菜面积50平方米的配置标准"的建设目标[①]。2017年1月,国务院办公厅印发《"菜篮子"市长负责制考核办法》,将此项工作列为市政府主要负责人和领导班子政绩考核的内容之一,每两年开展一次考核工作[②]。这也促使"菜篮子"建设进一步朝指标化、刚性化要求发展。2020年9月,北京市海淀区政府在《关于在"疏解整治促提升"工作中进一步提高城市生活性服务业品质的实施方案》中明确要求,要严格落实上级规划的刚性要求,优化八项基本便民商业服务建设,具体包括蔬菜零售、便利店（社区超市）、早餐、快递、便民维修、家政服务、美容美发、洗染等,强调了每个社区"菜篮子"网点数量不少于两个的目标,且明确指出将"菜篮子"等生活性服务业网点相关工作纳入区政府对街镇的绩效考评

---

① 北京市海淀区人民政府.北京市海淀区人民政府关于印发的《海淀区菜篮子工程三年行动计划（2016－2018年）》的通知[EB/OL].（2015-11-20）[2019-08-09].http：//www.beijing.gov.cn/zhengce/zhengcefagui/201905/t20190522_58753.html.
② 国务院办公厅.国务院办公厅关于印发"菜篮子"市长负责制考核办法的通知[EB/OL].（2017-01-09）[2019-08-19].http：//www.gov.cn/zhengce/content/2017/01/09/content_5158046.htm.

范围①。2018年10月，北京市商务委员会及市规划和国土资源管理委员会共同制定的《实施北京市街区商业生态配置指标的指导意见》中提到，街区商业业态配置指标分为"保基本"和"提品质"配置指标，"保基本"确定了蔬菜零售、便利店等为基本便民商业业态，并明确要求2020年前城市社区应达到的商业建设指标，具体包括：一类是按社区为单位配置的基准，其中，每个社区不少于2个蔬菜零售网点，不少于1个便利店；其余种类以街道为配置基准，包括每3000人不少于1个早餐网点，社区超市、美容美发、末端配送、维修、洗染、家政服务平均每个社区不少于1个，社区商业综合体每个街道不少于1个且原则上面积不小于2000平方米并综合多种基本便民业态②。其中，根据街道工作人员介绍，以社区为单位的蔬菜销售网点主要有四种实现方式，第一种是固定的蔬菜销售门店，即依靠固定的房屋空间单独销售蔬菜，第二种是社区辖区范围内的大型商超，比如在家乐福、美廉美等连锁超市开设售菜区域，第三种是蔬菜直通车的形式，主要针对辖区内网点资源紧张或空间不足等情况鼓励使用此种方式解决，采取如按周为单位、隔天卖一次的形式，第四种是智能蔬菜配送柜，依靠互联网技术支持，在社区内设好蔬菜配送柜，顾客可依据需要自行操作购买。

案例4-2：按照有关政策的规定，B街道于2018年底在每个社区建成"菜篮子"2个以上，街道应达到"菜篮子"网点总数62个，其中20平方米以上规范化网点数40个，并且此项工作在2018年纳入基层政府的绩效考核内容。作为前期工作，街道与第三方公司合作，由第三方负责将地面上的所有蔬菜销售网点以及一些其他的便民商业网点，具体包括马路上对外经营的小门面等，进行一个全面的数据摸排，然后街道方面依据数据，确认每个社区的网点分布情况以及下一步的推进工作。然而，小型社区满足不了定额均化的政策要求，只能是透支资源，短期内达到政策要求的目标限度。就此，

---

① 引自2018年9月25日北京市海淀区人民政府印发的《〈关于在"疏解整治促提升"工作中进一步提高城市生活性服务业品质的实施方案〉的通知》（海行规发〔2018〕19号）政策文件纸质材料。
② 引自2018年10月11日北京市商务委员会及北京市规划和国土资源管理委员会《关于印发〈实施北京市街区商业生态配置指标的指导意见〉的通知》（京商务规字〔2018〕31号）政策文件纸质材料。

街道的服务管理者曾介绍："要按每个社区配备2个'菜篮子'的标准，目前B街道31个社区中有18个是没有达标的，这些没达标社区有的是配备了一个网点，有的是没有网点，各个社区都有自己的实际情况。政策是'一刀切'的，没有考虑实际问题，比如有300户居民的小社区，面积很小，这种情况下要求配备两个'菜篮子'网点，就不符合实际条件了。'菜篮子'网点是由一家家社会企业运营，是追求盈利的，如果一个地方的购买力无法支撑企业的生存，企业就不会继续待在这个地方。相关部门肯定要制定标准，否则社区就没有执行的依据。但是如果强制制定标准，到了基层又会出现一定问题。这就要互相沟通，我们有问题就得逐级向上级反映。相关部门有文件要求，可能会存在一定困难，但是该执行还是要执行。"（访谈记录GKZ20180716）

案例4-3：地理面积、人口数量等资源性指标以及人口对服务的需求程度等，都对政策落地行政社区层面产生影响。NY社区是B街道辖区内的一个小型单位型社区，包括居家养老、"菜篮子"等政策要求发展的社区服务项目在该社区很难落地，该社区居委会主任分析了其中缘由。"居家养老在我们社区的开展，存在落地难的情况。我们是一个小社区，占地面积0.224平方千米，居民1400人左右。如果要社区拿出几百平方米的办公用房来为社区三分之一的老年人服务，目前难度非常大。一是中心城区的办公用房紧张，拿出如此大的面积为社区一小部分居民服务，从实际情况来看推广比较困难。二是在服务的可持续性方面，我们社区规模小，服务人口1000人左右，不足以支撑一个菜站的长期运营。落地问题还是能够实现的，可以找两个地方让菜车进来，但菜车能否长期在我们社区为居民提供服务，我们心里也没底。我们社区有个大院，大概100户居民，位于农科院院内，距离农科院的菜市场非常近，这种情况下单独建一个菜站对大家来说并不是特别紧迫的事情。对于我们这样的小规模社区，是否可以考虑与周边社区联合发展社区服务？这样既能方便资源整合，也便于提供更高效的服务。"（访谈记录NYSQ20180831）HYJ社区同为小型单位型社区，面临的处境也与NY社区类似，区划面积小，0.33平方千米内有两栋办公楼、八栋住宅楼，而且楼房分布也比较紧凑，社区居委会主任反映："我们院规模较小，要求建两个菜站确实解决不了。社区内常住人口1500人左右，60岁以上人口约有470人，大约占总人口的三分之一，老龄化比较严重。由于没有相关部门管理，养老方面的发展受到限制，养老驿站也建不起来。"（访谈记录HYJSQ20180831）

社区居委会作为社区服务资源的子系统，其区域规模的大小对资源占有及分布等情况，均有较大影响。大社区与小社区在资源配置层面，天然存在着较大差异，而受社区服务发展政策的影响，因资源差距而产生的配置特征凸显出来，例如因资源断层而导致的小型社区透支性配置方式。由于这种资源配置方式，并非适用于持续性的服务生产目标，因而资源供需难以长期维持平衡。此类局面的根源在于社区服务子系统间的资源差异，而配置资源的政策有时会成为凸显差异的推手。

4.1.3 试点社区与非试点社区：资源叠加与滴流性配置

NE社区居委会属于典型的社会型老旧小社区，人员构成较为复杂。截至2017年底的街道数据显示，NE社区总户数1025户、总人数为2980人，60岁以上老人458人，占社区总人口的15%，其中60~70岁老人216人，70~80岁老人182人，80~90岁老人56人，90岁以上老人4人。该社区从2013年开始，承接了年度国家级服务业标准化、市区级社区居家养老工作等多个政府试点项目，在各级政府的支持下具体开展了社区居家养老服务、老年宜居环境改造、养老驿站服务中心、老楼加装电梯、助餐服务、助医服务、居家安全智能看护等多项社区公共服务项目，是B街道辖区内公共养老服务资源下沉最多、公共服务项目覆盖最集中的社区。通过设立街道层面的居家养老服务平台和政府倡导的以点带面服务模式，目前在该社区开展的社区服务至少可以覆盖到与之相邻的其他7个周边社区。但是通过对该试点项目的实际运行考察发现，尽管设施和制度建设都比较晚，但真正投入使用的情况并不乐观。街道社区服务中心负责此方面工作的服务管理者也谈道："虽然没有（NE社区人均收入情况的）数据，但是这个社区居民对这些服务的需求非常有限，建成的设施和服务基本上没有人用。"（访谈记录ZJ20190817）从其他管理者那里也了解到了一些情况作为补充，"咱们街道只有NE这一家驿站（访谈当时，而后又建成两家，实际运行情况还不如NE）。好多地方都有驿站，上次我们参观了西城驿站，驿站内只有两三个老人。可能驿站内平常也没有几个人，需求量没有那么大。NE驿站也没有人住，只是平常有一些老人活动，但是他们也有老年活动室。其实NE驿站可以辐射周边老人，也可以托管那些子女无法照顾的老人。这些都有待拓展。"（访谈记录CJ20180831）

案例4-4：NE社区2013年以来承接的所有试点项目均由C公司作为第三方承接，C公司也是街道辖区内最主要的合作服务商之一。C公司成立于2009年，主营业务是居家养老专业化服务，于2011年最早引进了美国三大居家照护品牌之一，以居家上门护理为主。C公司背后的母公司一直在从事养老、公益、物业管理等贴近城市居民日常生活领域的服务行业，在物业服务领域是北京市第一家通过ISO9000认证的物业公司，也是第一家通过环境管理体系认证以及职业健康安全认证的公司。2013年，C公司入驻B街道，正式建立起第一家养老助残照料服务中心，也是当前北京推进建设的驿站、老年照料中心等机构的发展原型。C公司负责海淀区养老驿站项目的主要负责人是母公司的创始团队成员之一，从1997年母公司成立的第一个项目开始至今在该母公司下不同领域工作了20年。该项目负责人62岁，于1983年从北京某大学毕业到建筑工程类的研究型单位做工程师，后来由于20世纪90年代研究所效益低迷，她转到其他单位从事工程管理领域工作，随后结识母公司创始人Y总，于是作为母公司团队成员从工程管理领域起步。她具体介绍了第一个"试点项目"的创设背景："2012年我们策划这件事时，北京市还没有将养老驿站、照料中心的建设提到议事日程上来，也没有做资源整合。相关部门各负责一部分工作，民政负责一些老年人事务，残联负责残疾人的事情，卫健覆盖的领域更宽一些，但是他们都对接到居委会，所有工作想法都要通过居委会落实。但是居委会管理事情太多，要和多头对接，时间统筹上也不可能兼顾。而且居委会工作人员不可能是'多面手'，掌握养老、助残和卫健等方面的专业知识。从而导致很多好的政策难以落地。我们公司的创始人Y总，想找到合适的模式，通过他的倡导，第一次尝试把民政养老、残联和卫健三个原本独立的系统，组成一个平台，把资源整合起来，然后引进第三方专业团队提供服务，我们就是被引进的第三方。当时我们签的是一个五方协议，除了区民政、残联、卫健三方政府部门以外，还有B街道办事处，以及作为第三方服务商的我们。我们的经验做法在北京市做了一些推广，得到民政部门的认可，因而后面推出的驿站、照料中心等做法也参考了我们的建议，包括驿站功能的定位，这就是咱们NE驿站的由来。"该公司在2013年居家养老服务试点项目的落地点上有一定的选择权，并促成了项目最终落地NE社区。"2013年区民政局给了我们几个地点来选择，其中也有高档小区，但是Y总认为既然我们的出发点是要解决一个社会问题，那就要立足普通老百姓的角度去摸索尝试。虽然高档小区的条件会比老旧小区好，但是我们没有选择高档小区。当时我们来看NE这个地方，觉得这儿比较典型，因为这里都是一些工厂和企业的退休职工，退休金也都不高，他们的养老问题实际上代表了大多数老百姓的情况。咱们区领导给予了认可和支持，把它落实落地，这是我们当年一个很美好的愿望。"2016年5月14日，北京市老龄工作委员会印发了《关于开展社区养老服务驿站建设的意见》的通知，提出在北京全市社区层面展开社区养老服务驿站建设的发展要求，NE社区的养老助残照料服务中心首批翻牌改称驿站。"因为本身就是现成的，功能基本上我们也都具备，那就按照驿站的要求，直接翻牌注册备案就可以完成。"2018年，B街道又和其他服务商合作在DZS社区和QXJ社区筹建了驿站，但目前这两个驿站的实际运行甚至不如NE社区的这家驿站。"上周五我们在QXJ驿站有堂课，讲课地方旁边就挂着驿站的牌子，是锁着门的。"服务商依靠承接政府项目盈利来填补驿站运营的亏空成为目前驿站发展的常态。"现在没有那么多客户，2018年NE站点到年底结算时是亏损的，公司帮了不少。现在公司为了养一个站点，在社会上参与各种与我们专业业务有关的招投标、残联的项目、企业项目、老干局给老干部购买的服务、党建经费的活动等，我们也去招投标。区民政局的一些适老化评估，我们也是年年都中标。另外公司在北京市签约的一些项目，也拿到驿站来做，这才把驿站给养活。"但由于外部资源本身具有不稳定性，因而资源的间歇性"叠加"并不能实现"滴流"的公共目标。"我们通过在外面承接的政府项目来补贴驿站，街道应该给予一定扶持，因为国家资金支持街道购买服务，现在合作协议都是跟街道签署。实际情况是，2018年全年B街道购买我们的服务不多，一共购买了1.4万元。2019年的情况挺好，现在我们进行的这个项目（面向街道辖区内的所有社区，各居委会选派老人到驿站参加体适能比赛）是卫健科购买的，给了我们一定支持。还有一个项目是做宜居社区改造，一共有900多万的一个项目，项目划分为几部分，分包给不同的单位，包括外围硬件的单位、入户适老化改造施工的单位，还有给老年人家里安装报警呼叫设备的单位，我们公司承接的是整个NE社区的居家养老服务系统。"（访谈记录LG20190815）

可以看到，对试点社区叠加的资源不仅是公共资源，还有包括服务商等主体的资源投入。任何一方资源的撤出，都可能减损另一方资源投入所带来的效益，进而影响到服务的实际效用。同时，试点社区往往被赋予"经验可复制"的发展要求。要产生政策目标设想的"滴流效应"，即以点带面辐射周边的发展模式，需要依赖试点平台自身的资源叠加效果与运行能力。从B街道NE社区试点项目形成的实体机构成果来看，由于服务平台自身的维持尚面临一定困难，因而很难实现对非试点社区的带动效应。

以上三组对应存在的案例分析涉及单位型社区与社会型社区、大社区与小社区、试点社区与非试点社区，从中可以看到，虽然社区服务的政策面向及资源配置路径往往具有普遍性，但是由于社区居委会作为社区服务资源的子系统，在资源基数、分布结构与外部扶持等多方面存在差异甚至差距，那么在福利资源配置这一基础环节，社区服务体系的差异就已经展开。这种资源的差异化特征,在第一组资源关系中表现为资源分布层面的不均,第二组表现为资源使用层面的断层,第三组表现为资源分配层面的叠加。这种由分布不均、使用断层与分配叠加共同构成的差异性配置模式,形成社区服务体系在资源配置阶段最为明显的结构性特征。

第二节　资源拓展:社区资源的福利化

前文在探讨福利治理的含义时已提及,学者李迎生等(2017)提出的福利治理实际是指国家(社会)治理体系对福利要素的结构性吸纳,本书认为该形式下的"治理吸纳福利"实则不只是对福利要素的直接吸纳,而且是将特定治理结构下的其他要素或资源"福利化"从而实现"治理吸纳",进而对前者的学术定义进行了一定程度的修正。本节论述也将由此展开,结合经验资料进一步阐发不同社区资源如何在福利获取过程中构筑了社区服务的资源基础。

4.2.1　人力资源:发掘志愿服务人士

无论何种社区服务的开展,都依赖人力资源的支持。人力作为资源拓展阶段的基础要素,对公共服务、便民利民服务及志愿服务的生产都有重要意义。而鉴于以公共部门及私人部门为主体生产的服务,其人力资源往往有特定的配置逻辑;志愿服务的提供者则更多作为拓展环节的资源,助力社区资源的福利化进程。因而,本小节以案例研究的形式,重点分析志愿服务人士的发掘过程,同时以此阐释资源拓展环节中,将社区人力资源福利化并用于社区服务生产的可行性路径。

案例 4-5:王老师曾是某单位的内退人员,现在是街道文化服务体系下工笔画课堂的授课老师,曾为此荣获北京市"五星级义工"称号,也被评选为 B 街道好人。王老师从 1980 年左右开始跟专业的工笔画老师学画画,后来作为兴趣一直坚持自学工笔画，至今有30多年的绘画经验以及10多年的教学经验。2002年王老师从单位退休后，开始在其所在的SY社区义务教授社区内的书画爱好者画工笔画，2011—2012年由B街道义工分会（社区服务中心的工作人员C女士负责此项业务）筹备，王老师开始在街道也开设工笔画义工课堂，免费教授B街道辖区的书画爱好者。两个班每周都有课，地点不同，互不影响。在社区的课堂是居委会提供场地，一般每周一下午开课，街道的课堂是街道的会议活动室，一般每周四下午上课。上课以小班形式进行，非统一授课，老师根据学员基础，单点教授工笔画法，其他学员旁听学习，或单独请教老师，并着重课下练习，从而提高绘画技巧。"我那会儿退休，没有事情做，教工笔画当作散心和娱乐。"（访谈记录WLS20180823）

在将义工引入社区服务生产中时，基层的社区服务管理者们主动发掘义工资源，自然成了这一服务生产路径的基础条件，"这位王老师从退休就开始在社区居委会里教社区老人画画。他有能力也热心，街道举办画展，他参展后，我们了解到他的情况。后来正好我负责义工方面的工作，包括义工联合会，就邀请他参与其中，面向整个街道招录学员。前期学员多，最多的时候有二三十人，这个人数持续了几届，这两年由于我没有给他招生，关注得也少，所以就十几个人，王老师现在带着这些学员一起画"，但管理者还需要充分了解义工所具有的社会服务技能及其合适的应用方式，"（王老师的授课）不太适合大课堂，五六十人的规模肯定不行，10~20人是可以的。例如，他前期教牡丹画法，练基本功，有的人练一练基本功，像现在这种练出来有个模样了，会调色了，自己回去就可以画了。原来有好多学员都是自己（在家画画），不来（街道）的。王老师的教学过程是在他演示给学员的时候，别的学员也可以过来看，看其实就是一个学习的过程。这种学习形式是老师和学员都参与其中并且有互动。例如，有一些老学员掌握了很多（绘画技法），但是可能新学员就不会，他就每个礼拜都来（街道）学画画，回家也画画。来的时候可能有一些（绘画技法）想不明白了，请王老师指导一下，比如有时调色不对，老师一点拨立刻就不一样了。（工笔画）不要求有

绘画基础，先用铅笔描出来，之后就是涂色，主要就是教如何上色调色。"（访谈记录 CJ20180824）

基层群众的自我服务往往需要公共部门的引导，也需要公共资源的支持，包括场地、人员支持等，此时社区服务的提供者或参与者可能会主动寻找基层政府开展合作，随着合作的发展，更多的资源也会被引入其中。

案例4-6：马头琴义工培训服务最早并非发起于B街道，是居住在B街道辖区内的马头琴服务参与者主动联系街道方面，最后才引入了这样一支民间团体。"（马头琴培训成立初期的）学员也是感动于老师（创办初期的义工老师）的精神，其中有位学员是外国语学院的教授——王教授，他住在咱们B街道CH湾（街道辖区内某地域简称）。他认识街道以前临时聘请的一个工作人员——施老师，施老师当时是编辑区义工杂志的，因为工作关系跟我联系较多，我这儿的工作信息都报给他。他编杂志，基于工作联系互相比较认可。通过偶然认识，王教授和施老师知道彼此都在同一个社区居住，王教授把拉马头琴的事和施老师聊起来了，施老师就通过王教授把黄老师邀请到咱们街道。王教授认为黄老师在家里义务教学不是长久之计，最好是政府能提供公益场地，如果能在黄老师家附近找到合适场地，这样距离王教授自己家也近，同时还能帮助黄老师。正好当时街道社区服务中心搬到DLS社区，2011年街道的会议室（位于DLS社区）刚装修好，而且那段时间会议少，会议室空置时间多，而且那时会议室由社区服务中心管理，正好中心在做这个活动，就决定将会议室用作活动场地。前一两年因为只能周六使用，物业不给开门，所以都是我来开门，也跟着一起学。后来和会议室师傅关系好起来，组织活动如果有礼品就给师傅一些。一开始是四川的杨师傅，他不太帮忙，夏天偶尔叫他帮忙开门，我都赶紧给他买个西瓜。后来换了宋师傅，那师傅挺好，他主动帮忙承接这个工作，后来开门这事慢慢就形成（惯例），变成物业的工作了，他们就必须负责开门，周末也不例外。所以现在来的师傅，周末有活动他们都给开门，不用我专门来。"引入马头琴项目以后，接替创始人黄老师负责培训的义工——苏老师又利用自身的社会资源，进一步推动马头琴服务项目的发展。"第一次B街道新年音乐会就是马头琴这个业余团体做的。另外苏老师本身有资源，她又邀请了唱歌的老师，当年的一个毕业生和我们一起拉过马头琴曲目，也过来跳舞了。另外老师独奏的时候，是（街道辖区内某大学院校）民族学院舞蹈系的一个跳蒙古舞的老师来参与演出的。那台音乐会组织给大家免费发票，演员、学员自己拿着票给亲朋好友发放，舞台下面坐满了观众。请来的名人也都是朋友帮忙、赞助，不要酬劳。训练场地也都是免费提供给大家使用，最后做了这样一个公益汇报演出。"（访谈记录CJ20181024A）

在志愿活动中发现并培育新的义工或志愿人士，是发掘社会志愿服务人力资源的可选路径。"因为在公益团体里时间久了，大家都有种不讲索取、讲奉献的精神。像之前马头琴班有一次搞活动，没通知新班的同学，新班的同学主动来帮忙照相，他们没法上台表演，就主动为大家服务。还有一个孩子的妈妈，那天是他儿子生日，他妈妈那天来纯粹就是帮忙。我原以为那天孩子能来参加演出，结果没有，他妈妈就自己来帮忙，组织大家签名、为大家服务以及协调服装。她一来，这个集体的服务工作就不用操心了，她自己眼里有活儿，知道需要做什么。我一看她来了，就把签到本给她了，交给她来负责。谁需要任何帮助，她就会主动去做这些事。"（访谈记录CJ20181024A）

人力资源作为社区服务的基础性资源，对服务发展起着决定性作用。从案例分析可见，相较于配置阶段的资源分布差异，在资源拓展阶段，如何将社区资源进一步福利化既是人力资源拓展的理念和目标，也考验着社区服务资源整体系统的治理能力。案例研究发现，基层政府中的服务管理者主动发掘义工资源、了解义工所具有的社会服务技能及其合适的应用方式、为服务开展寻求必要的公共资源支持以及在志愿活动中发现并培育新的义工或志愿人士等都是拓展社区服务人力资源的重要路径。通过以上主要路径的探索和实践，越来越多的志愿服务人士能够被吸引并参与到社区服务的生产与再生产过程中，进而为社区服务的社会化建设提供更多的拓展性人力资源。

4.2.2 组织资源：引导社区社会组织

组织资源是社区服务生产过程中的另一种重要资源形式，尤其对于基层志愿服务的发展而言，社区社会组织的管理及发展问题是福利服务自体性建构的重要保证。社区社会组织通常作为所在地的社区服务组织，为社区整体系统内的服务参与者提供持续性的社区服务。这类组织有自身的发展特性，包括组织成员的相对流动性以及组织自身管理的松散性等。

案例 4-7：街道服务的管理人员对社区社会组织的构成及动态性非常熟悉："每个社会组织都有一个带头人、组织者，这个组织者就是志愿者、义工。例如舞蹈队平时有老师来教学员，老师有时候是学员中的领头人，老师自己去外边学，学了以后回来义务教其他人，这个教的人就是义工了。这些学完的人又到社区为老人演出，那他们所有的人又都是义工。所以，他们不是能明确区分开的。社区社会组织里文艺团体居多，其他性质的也有，比如像居委会志愿巡逻队。"而巡逻队等带有一定公共行政性的社区社会组织，作为社区社会组织中仅占少数的特殊构成，既不同于绝大多数组织的属性，也不同于基层常设的公益性岗位。例如，"（巡逻队等类似组织）早期是不发补助的，现在每年例如两会等时期会发补助，补助金额相当于给志愿者的基本补助，与西部支教志愿者的生活费补助类似。（问：这种就不是自己组织吧？有些像居委会出资雇人的？）对，在需要的时候招募他们。早先有的人也愿意做这个，比如居委会发号召，今天两会这边缺两个站岗的，咱们谁报名，大家就一起去报名，不拿报酬。现在这种任务特别多，就由社区组织报名、排班。"社区社会组织的属性也决定了其管理及运行特征。"社区社会组织本身比较松散，不像一个单位有严格的组织管理。我们这边对接的主要是社区社会组织，活跃在社区里，社会上的志愿者组织不属于社区社会组织。（社区社会组织）相当于一些社区兴趣小组，（街道社区服务中心）有时会通过居委会组织这些零散的（社区社会组织），例如，组织舞蹈展、舞蹈活动时，就给居委会发通知，通知要求面向社区的舞蹈队。"（访谈记录

CJ20180801）

近年来，北京市在基层政府一级大多设有专门的社会组织孵化中心引导社区社会组织的发展。2010年在中共北京市委社会工作委员会、北京市社会建设工作办公室支持下，北京市社会组织孵化中心宣告成立，并委托恩派公益组织发展中心（NPI）管理运营，该中心的主要功能定位是为北京市全市范围内登记注册/服务落地的社会组织，提供孵化培育、能力建设、资源对接、影响力推广等社会创业的专业综合支持服务（李庆，2018）。在B街道的社会组织孵化中心，对社区社会组织的登记注册工作一直交由第三方社会组织（民办非企业）运营管理。

案例4-8：在街道社区服务中心常驻并代表RB社工事务所（与海淀区社区服务中心合作的社会组织）的第三方工作人员，即社工，主要负责街道辖区内社区社会组织的登记备案以及社区服务日常运行协助，该社工说道："（登记备案工作的对象）主要是街道一些小的社区组织。这些组织大多没有在民政局备案，（社区社会组织）不同于那些必须拿资金去民政局登记注册的组织，只需要在社会组织孵化中心有备案登记就可以，包括社团名称、人员数量等信息。孵化中心是为了让社团管理更加专业，运行更加科学，不一定要求烦琐的程序。（备案信息）具体包括社团数量、社团负责人姓名、联系电话、一年活动频次、主要活动范围及类别等，这样如果组织大型活动，有这些社团信息就可以联系。"而目前设在街道的孵化中心，有其发展前身——B街道社会组织联合会，尽管事实上该组织属于街道管理，且在人员设置上主要包括社区服务中心的工作人员，但由于要求此类组织不能由政府工作人员管理，于是需要办理注销手续。联合会的职能也始终由该社工所在的第三方负责组织运营。"它之前由社会组织联合会管理，后来因为联合会的管理和财政比较复杂，所以要将其注销，建立孵化中心。孵化中心无需注册，归属街道（管辖）。联合会注销环节特别困难，需要找会计师事务所统计成立以来的财务，并要银行出具注册资金、利息证明等许多程序。上级政府想要建立社工站和社会组织孵化中心，社工站在街道建立，孵化中心属于社区服务中心。孵化中心不能由政府的人管理，由机构（该社工所在社会组织）派人管理，但实际上街道的事情还是街道比较了解。孵化中心实际上也不需要这样一个名义上的法人，因为这个中心不需要注册，它跟我们常见的社会组织孵化园不一样，社会组织孵化园要有一个独立的地方，要注册，注册后要挂靠，挂靠后要给社会组织提供临时办公场地，要有固定的孵化周期，它这个没有。这个（运行模式）比较简单，主要是帮助社区服务中心登记，知道社区有多少社团就可以了。"由于社区社会组织的活动情况具有变动的可能，例如，旧有组织活动频次减少甚至不再举办活动、新兴的组织没有录入到统计数据中或者组织负责人更替等情况，如果需要准确的信息，就必须按期摸底统计，"（用这些统计信息）做成一个系统。现在用的是一个纸质的（信息表格），让这些社区先填写。未来尝试做一个数据库，需要的资料通过这个库一查，就能找出来"，但经 2019 年 7 月 31 日再次对该社工进行回访，确认了此项工作一直没有完成。（访谈记录 LXM20180813）

截至 2018 年 1 月，B 街道内社区社会组织的情况如附录 B（B 街道社区社会组织基本情况汇总表）。文体服务和志愿服务类社区社会组织构成街道备案社区社会组织的主体，而在社区备案的其他服务类社区社会组织主要是一些微型的兴趣爱好团体，无须在街道一级备案。所有数据均按街道社区服务中心要求，通过社区居委会摸排上报，进一步由中心和第三方合作整理而成。

4.2.3 市场资源：签订便民服务企业

街道社区服务中心作为服务商的主要管理部门，负责依照规定程序开展服务商的准入与签订工作，这些辖区企业单位可以经由自荐、他人推荐或接受邀请，经过准入程序考核后方可成为辖区内与政府合作的服务商。

案例 4-9：中心对服务商的日常管理主要包括："平时的巡逻，另外一些相关工作主要通过微信群通知，比如现在开展创建文明城区工作，相关的迎检工作请大家做好，'门前三包'、建筑外沿、环境卫生方面的一些政策要及时向他们宣传。"虽然街道方面对于社区筛选服务商的淘汰比率并没有统计数据，但依据其他访谈内容可以推定服务商群体总体流动性较小。"现在这些服务商都是有多年合作延续下来的，企业愿意加入服务商，第一是想与政府建立合作关系；第二通过媒体宣传报道，例如，养老券原本叫养老助残卡，原来必须是街道的服务商才能收，这些（信息）市级区级的媒体都有报道，企业会联系街道说想收养老券，街道会回复说社区服务中心管服务商，你可以加入服务商。第三就是通过现在的一些补贴政策，街道或者其他部门来把控，需要接受管理才能够获得一些补贴，政府的资金不能随意取用，必须在掌握真实情况的基础上提供补贴。目前这30~40家服务商，街道对它们没有任何奖励，是各取所需。企业认为加入政府服务商，老百姓认可度大幅提高。还有一个优惠，在北京市，现在如果家里需要保姆可以打96156，如果你是B街道的，96156接收到这个信息后，就把这个信息转到B街道，然后街道将咱们现有的服务商提供给用户选择，这些服务商是与我们签约后，才能进入北京市的系统里，经过挑选，所有做家政项目的服务商都能够展示出来，供人选择。服务商多种多样，绝大多数还是家政、餐饮、修理，与社区服务比较接近，与老百姓生活息息相关，一般是按社区八项基本服务的要求设立。"（访谈记录GKZ20180716）

目前，市场资源的引入方式主要是街道层面与辖区企业签订合作的方式，进而实现市场化便民服务资源的获取。包括社会型社区居委会的一位主任也提到，虽然像"菜篮子"工程等社区服务目前在社区内运行，服务商的主要进入方式仍然是通过街道引入，"服务商由街道统一招标引进。（问：有没有服务商自己主动联系或者需要咱们社区去主动联系的？）也有找我们的，我们会帮他推荐，主要是以街道为主。基本上都是街道招标引进的统一的服务商"。（访谈记录DLS20190819）

案例研究表明，社区服务合作企业等市场资源并非通过资源配置方式，而是依赖于社区资源系统的拓展能力，将辖区内市场资源福利化从而纳入社区服务的生产体系当中。虽然同人力资源及组织资源一样，对市场资源的福利吸纳也需要基于合作需求以及协调关系，考验着基层政府的资源治理能力。但市场资源具有的趋利等基础属性，决定其不同于其他资源的治理模式，其中的差异性将在资源运用阶段表现得更为突出。

第三节 资源整合：社区服务的项目化

在经历对社区服务子系统的资源配置和拓展过程后，街道社区服务中心作为资源整合的职能部门，将碎片化的服务资源，整合纳入了基层政府的服务支持体系，进而在中心这一社区服务资源的整体系统中，将具有同质性的资源整合成一类社区服务，从而形成街道范围内社区服务的几类"品牌"项目。

4.3.1 文化服务系列：生活项目的推广

B街道于2009年组织启动书法班，此后陆续筹办其他活动，并获得区政府部门的经费支持（部分资金到全部资金）与人力支持（区级合作社会组织中的老师）。自2018年初，基于良好的项目发展经验，街道正式开始将辖区范围内由街道组织或参与的多个项目进行整合，经由第三方——北京市海淀HZ社会工作事务所协助，最终筹办了文化养老服务的系列项目。之所以加上"养老"的概念，主要是为了避免社区服务中心与文教科部门定位上的重合。该系列服务实际上是文化生活类服务，虽然以老年人为主要参与群体，但也有针对青少年的书法项目，并且对其他社区居民也并没有明文排除。该系列服务囊括了书画培训、社区免费理发、乐器知识与养生讲座、马头琴巡演与培训、京剧队为80岁以上老人表演庆生、舞蹈联盟社区巡演等系列，从2019年开始又添加了一些新开展的项目，包括邀请辖区内退休老年专家开展"院士专家面对面"的讲座，与养老企业合作的社区美食列车活动等也逐渐纳入该系列。该系列服务项目实际上对公共文化服务以及志愿服务等资源进行了进一步的整合，服务对象主要是生活能够自理的、有服务参与意愿的街道辖区范围内的老年人。街道办事处分管社区服务中心的副主任做了初步的介绍："街道养老首先包括实体建设，例如老楼加装电梯、适老化改造等政策的落地，还有一个方面是软环境的建设，例如养老文化，现在在做文化养老苑系列服务。街道公众号有专门的养老平台，包括民生服务和养老电梯两部分，咱们得能做会说。"（访谈记录XZR20180627）社区服务中心的负责人更具体地讲道："养老主要分两方面，驿站或照料中心主要针对不能自理老人；对于能自理的老人，真正需要的是帮助老年人延缓他们的衰老。例如，现在老人60岁退休，到80岁可能才出现（身体机能严重退化），这20年跨度很大。街道60岁以上人口有4万以上，实际达到80岁的仅7000多人，到（老人）不能动的时候再去照顾，家庭和社会的负担都很大。应该在他们60岁刚退休，就帮助他们延缓衰老。一般这时候人的身体都是非常好，很少一部分身体不太好。"（访谈记录GKZ20180716）将该系列服务命名为文化养老苑，也是意指搭建一个没有围墙的健康养老院，为社区居民尤其是老年人群体提供参与和享受公益服务活动的平台。

案例4-10：社区服务中心的工作人员C女士介绍道，"文化养老就是让老人通过这种活动增强活力，他们到社区巡演的时候，那些不参与活动（服务参与者而非提供者）的老人也可以通过出门观看演出来增加其外出活动，减缓衰老，享受文化服务。各个社区都有这种团体资源，但是你得通过这个平台让他们活跃起来。你搭建这样的平台，他们特别愿意参与。其实这些活动原来也有，只是把这些活动再整合一下，打造一个品牌，这个品牌就叫B街道文化养老苑。这不是上级的工作任务，是我们自己想通过这样的方式提升活动质量。"（访谈记录CJ20180716）服务活动在项目化的基础上，通过概念性的整合方式，使服务项目进一步"品牌化"，成为文化生活类社区服务的发展轨迹。在B街道推出"文化养老苑"项目的前期筹备会上，C女士再次谈到"品牌"的概念："我们以文化养老苑的主题开展文化养老活动，要贴近公益、贴近养老。2018年刚开始，首先要有大的启动仪式，把咱们的文化养老苑作为一个品牌推广出去，但是这个品牌要有内容，所以我把原来做过的、驾轻就熟的活动，作为今年的先期项目。在没有任何基础的情况下，这些活动是随时可以拿来作为范例的，所以我把这些列上（作为街道文化养老系列活动）了，但是后期还可以适当添加其他内容，比如插花等，等制订明年计划时，可能会再加入更多内容。这些内容可以作为传统的部分保留下来，每年按照这样的程序来开展，这是目前对文化养老的构思和安排。现在前期一系列活动都以文化养老为主题，在街道的微信公众号上展开宣传预热，后期的这些活动也要通过媒体宣传等，把这个打造成一个品牌、一个概念。"（访谈记录 CJ20180724）

对文化生活类服务资源进行系列化整合，呈现了社区服务项目化的过程；而将系列服务"品牌化"，进一步增强了服务项目本身的推广价值。经过整合的文化生活类社区服务，不仅具备服务基层群众的基本福利功能，更是附加了宣传与推广的属性，进而提升服务本身的综合影响力。

4.3.2 居家养老模式：养老项目的进程

居家养老工作不仅是社区服务中心的"品牌"工作，也一直是 B 街道的重点工作，试点落地社区主要为 NE 社区居委会。街道开展此项工作包括两个阶段：第一阶段，是前文提及的街道方面承接了上级政府的社区居家养老工作试点，具体任务是开展社区居家养老服务标准化项目，街道将此阶段工作称作"2013—2015 年社区居家养老工作 1.0 版"；第二个阶段则是从 2016 年开始的"居家养老服务 2.0"工作，主要是引入第三方公司，将服务进一步信息化、智能化发展。

在第一个工作阶段，街道方面对公共资源进行了整合，重点从两个方面加强了政府的投入。一方面是财政投入，保证对公建民营的财政支持力度，整个中心投入 60 余万元，在 NE 社区建立了建筑面积近 600 平方米、绿地活动面积约 700 平方米的居家养老试点服务中心，建成的设施在社区居委会的监督下移交第三方专业社会服务机构进行日常的营运；另一方面是人力投入，通过与专业服务机构合作搭建服务平台，并对130位老人入户走访，建立居家老人电子档案，厘清老人年龄情况、生活情况、经济情况、健康情况、子女情况、需求情况等基本信息。除了基本投入，街道方面也针对一些专项服务需求改善了几类社区服务的建设，第一是生活服务方面，包括引进企业设立老年餐桌、便民菜站，老年餐桌为 NE 社区及周边老人提供老年膳食。第二是特殊人群的服务需求，包括为病、残老人建立直接应答装置和开通短信服务，建立起点对点的直线服务联系。第三是医疗救助服务的设立，开通了陪诊服务项目，与第三方合作，应老年人需要可安排专人协助挂号、取药、检测等，尤其是方便高龄老人的就诊。该试点项目周期为两年，最终项目成果为完成了居家养老服务业的 50 项标准，其中采用的国家标准 15 项，行业标准 1 项，制定企业标准 34 项，并于 2015 年 5 月 15 日正式发布，2016 年 1 月 19 日至 21 日通过了专家组的验收。

第二个阶段，街道方面引入了另一家第三方——北京某智能技术有限公司，并与其达成居家养老服务 2.0 合作协议。由于与第一阶段政策背景——居家养老服务业建设不同，第二阶段主要立足老年宜居环境建设的政策环境，因而，此一阶段的工作重点从分散的服务类别，转向服务环境和服务管理方式的改变。在服务环境方面，具体开展了老旧小区电梯安装、社区老年活动中心、社区公共场所适老化改造、家庭内适老化改造、助餐、陪诊、老年心理咨询和养老知识讲座等服务的整合工作。在服务的管理方式方面，一是引入居家安全智能看护的方式，由第三方引入全天候老人看护系统，为空巢老人提供居家安全的 24 小时监测，对老人日常起居生活的异常和意外的实时看护，包括睡觉、如厕、洗澡、习惯性活动、紧急呼救等。二是街道方面在第三方的协助下，收集街道辖区内老人的养老需求数据，意在建设一个养老需求信息库，从而使居家养老服务能够尽可能覆盖辖区内 4 万多名 60 岁以上老人的养老需求。

案例 4-11：NE 社区是 B 街道养老服务项目向下覆盖最为集中的社区，NE 养老驿站既是 B 街道养老项目的典型案例之一，也是 B 街道养老模式项目化的一个缩影。2018年海淀区对驿站扶持政策的改变，使NE驿站在一年里遭遇了截然不同的境况，"2018年经历了冰火两重天。区级政策在6月份有改变，6月份之后政府的一系列扶持政策取消了，除了北京市的流量补贴。2017年依照6月份之前的政策，我们做了一年，感觉对企业来说很好，它叫辐射服务项目，规定了可以做教育培训，例如企业到社区做培训，可以按场次或者按签到人数给予补贴。还可以做上门服务，也是我们企业始终坚持的专业上门服务，有自己的医生团队、护士团队、康复师团队。"

政策改变影响了服务商的收益结构，也使其辐射服务情况直线下滑，"区级政策在2018年上半年之前，也是按照入户服务人次给予补贴，这是我们的优势，进入社区服务80岁以上老人群体，定期上门巡访等。有多位老人都是我们送他们上医院，当时政策补贴激励我们积极去做，那时社区老人对驿站还是挺依赖的。像刚才有位老人，他家经济条件比较好，子女不和他住在一起，他眼睛不好，所以他刚过来说想去超市买点东西，请我们的工作人员陪着一起去，这样适当给一些劳务费用，就把这个解决了。但是像在这个小区，舍得花这种钱的老人很少。在2018年以前，因为政府有补贴，（此类情况）只要你做好了记录，老人签字认可，就没问题，所以我们也尽量去做，政府这项补贴能够使我们做到收支平衡。2017年（NE养老驿站）做到了收支平衡，结果2018年过了春节，我们把项目申请下来并与各个社区沟通好，计划于4月份正式提供服务，结果5月份通知我们这个项目6月份截止，项目还没有规模发展就面临停止。原来的补贴标准与现在不太一样，比如上门助浴服务，对困难老人、失能半失能老人等不同类型，都规定了相应的补贴数额，以前对老人来说是免费的，现在变成完全市场化。另外，虽然80岁以上老人都可以享有这个服务，但是（对这一群体的）补贴是最低的，可他们是最大的群体，虽然相对单价低，但是我们做的数量多，收入就能够有保障。2018年6月前，驿站的几位工作人员只是驻点的一个固定团队，实际上公司还有一批服务团队，他们是入户服务的主体。根据服务需求，我们向公司提出要求，公司统一调配康复师、护士、大夫过来，我们需要支付费用，包括专业人员的提成和工资等，这是一个流水的概念。政策改完之后客户（量）直线下降，原因可能涉及（老人）观念改变的问题。"（访谈记录 LG20190815）

项目制治理的重要特征之一即在于阶段性。结合前文对试点社区的探讨以及上述案例可知，居家养老服务引入的私人部门——驿站，对政府项目和政策补贴的依赖程度颇深。公共项目的参与，成为养老驿站维持运营的首要路径。街道的服务管理者在谈到驿站服务发展时也曾提及，"没有政府的项目支持，驿站根本活不下去"。这种资源整合后的项目化社区服务发展，从养老驿站的案例可见一斑。

4.3.3 服务网点关联：商圈项目的建构

经过街道对辖区内服务商的资源整合，形成了一定的市场服务资源储备。根据街道社区服务中心签订合作协议的居家养老服务商名录（2014—2015年），涵盖了8项便民服务以及58个服务商，具体包括"菜篮子"工程（5个）、便民购物（9个）、家政服务（3个）、美容美发（8个）、修补（2个）、足疗修脚（2个）、老年餐桌（28个）以及养老服务（1个）。从所有服务商的地理位置上看，在街道辖区内的总体分布较为平均，但由于服务商的具体服务项目、群体和自身服务承载力等水平差异较大，便民服务在辖区内各局部区域的发展也是千差万别。举例来说，老年餐桌虽然从数量上看似乎发展更为成熟，但实际情况并非如此，街道的服务管理者就据此解释道："原来老年餐桌多是因为发老年券（养老助残卡，仅适用于老年人到指定餐饮服务商就餐使用），饭店愿意做这项服务的可以签约。现在老年券是直接给钱，老人就不去吃了，老人拿着钱可以在一些零售商店直接购买产品（就不一定去餐桌消费了）。"（访谈记录 CJZJ20190815）总体上看，作为社区服务子系统的社区居委会在与辖区内服务商的对接方面，多数居委会都存在一定困难，且受自身资源情况限制较多。即使福利资源较为丰富的单位型社区，在服务商的服务资源的具体整合方面，也面临包括管理体制层面的一些难题。

案例4-12：JD社区作为单位型社区，既有依靠自身大学院校的单位资源，又有与街道签订合作的服务商可以发展便民服务。街道签订的三家家政服务商之一就是JD家政，地点位于JD院内，该家政集团的理事中心归属JD单位管理。由于该单位型社区配置有较为成熟的市场资源，因而依托企业将公共服务专业化、职业化，成为社区居委会和辖区单位在整合社区服务资源方面的构想。"独居老人巡视的巡视员，目前主要是找低龄的老人巡视，居委会的压力比较大，需要频繁督促询问。JD社区有一个家政服务属于街道管理，政府一个月（给巡视员发放）大约100块钱补助，能否把这项工作交给家政公司？因为家政公司有人力，而且工作人员都经过培训。作为居委会来讲，它是监督指导家政这项工作。当时计划开展独居老人巡视项目的时候，我把家政经理找来了，当时也设计好了一套表，包括表格记录及检查时间等。目前开展巡视服务，一方面，因为低龄老人往往有出行游玩需求，巡视员的巡视时间无法绝对保证。另一方面，政府补贴经费不可以打给公司，必须打给个人，不知道这点是否能够变通。不管是打到家政公司或家政服务员个人也好，应该充分发挥家政服务公司的职能。希望未来家政服务能纳入养老服务圈，可以让居委会监督管理指导，政府分担监督的责任。例如，JD社区的家政公司的管理是在某集团物业的管理之下，有问题JD（单位）负责，能让大家都放心。"（访谈记录JDSQ20180831）

案例4-13：绝大多数社区并不具备上述的服务商资源以发展社区内的便民服务，例如，原则上各个社区居委会都应与服务商合作发展老年餐桌，但在B街道辖区内真正能够维持老年餐桌发展的居委会，还是个别背靠单位资源的大院社区。负责接管NK社区居委会事宜的NK单位部门表示："在发展社区养老方面，我们单位一直在努力解决问题。老干部处提出来，一些家庭的子女管不了老人的吃饭问题，我们中心的午饭他们都可以打回去吃，现在又发展到晚餐。餐费都不贵，中午10块钱，我看有的老人都打两份，回去可能两顿也吃不完。食堂可能也不够,但毕竟(打饭的)老人不多,人老了不容易,一定要给他们提供方便。只要是老干部处提出来需要单位、居委会解决的,我们都给解决。"(访谈记录NKDW20180831)辖区内另一个大院社区的居委会主任就此回应道,"JD社区可以把家政给引进来,我们不行,我们(居委会辖区内)的服务商是个人的,虽然是咱们(街道的)便民服务商,但是我们对他们无法形成管理关系,如果出问题我们也不好说。"同时,她接续老年餐桌的问题,进一步指出了大院大所社区内老年群体普遍存在单位养老依赖问题,包括:"从平台上点外卖需要付费,老人不觉得有问题,但社区说服务需要加费用,老人就觉得有问题。老人的关注点不在于怎么服务,他们的要求就是只要不花钱,都得老干办(离退休老干部办公室)。我们那儿曾经就是这样,(老人)填写的家里紧急联系人的电话全都是老干办的电话,我说你有子女为什么留老干办电话呀,他们说那我们就得找他们。说实话,政府现在推行的居家养老,许多老人的经济能力和收入水平都挺高,该交的服务费用就得交,需要付费购买服务,老干办免费提供服务不应该是常态。我觉得应该引进专业的居家养老机构来做。"但便民服务商的市场化服务往往是有偿服务,引入有偿服务会否加深单位养老依赖,还需要进行深入的研究。"像我们大院大所退休、离休的这些老人,你听他们热烈讨论说需要养老(服务),真正开展有难度。例如有养老院组织老人去参观,他们认为挺好的,谈到费用就不提了。还有类似的,像食堂(开展的老年餐桌),10块钱带走的饭够吃3天的,那也带。"(访谈记录ZZR20180831)

公共部门试图通过整合辖区内的服务商资源以更好地提供便民服务,并且切实给予服务商以资金支持,以"菜篮子"工程为例,按照《海淀区菜篮子工程三年行动计划(2016—2018年)》的通知标准,B街道辖区内售菜面积在20到40平方米的社区菜店,可享受政府每年4万—6万元的日常运营补贴,40(含)平方米以上的补贴标准为每年8万—10万元,此外,在连锁超市开设售菜区域的同等售菜面积的单独门店,享受上述相同补贴。从此类社区服务的发展逻辑上看,公共部门试图通过公共财政的支持,整合零散的市场资源，进一步用以实现社会性福利。然而，在政策执行的过程中，由于居民消费需求和公共政策目标之间的关系，并不像市场条件下的供需关系那样能够实现自我调节，因而需要基层政府将政策要求下达至每个社区居委会，进而以行政方式实现二者在某种程度上的匹配，但由此，便民服务的实际整合过程也总是面临市场资源和社会主体难以衔接的尴尬处境。

第四节　资源运用：社区服务体系的建构

经过前三个阶段基于资源的运作，社区服务在政府、社会和市场等多元主体的协作下，实现了自身的生产。而能否达成政策目标——"公共服务、便民利民服务、志愿服务有效衔接"的社区服务体系的最终建立，还需对社区服务整体系统的资源运用环节展开考察。社区服务在后项目化生产阶段，如何借由资源运用从而实现自身的再生产，关系社区服务体系能否存续的核心问题。田野调查发现，在资源配置、拓展和整合阶段即能够自主成型的社区服务，往往在再生产方面也具备实现能力；而在资源配置等基础阶段就遭遇各类资源问题的服务项目，即使短期内能够实现服务在社区内的落地，但最终会面临难以持续的发展困境。

4.4.1　公共服务

B街道社区服务中心发展的公共类服务，首先包括以试点项目形式落地的居家养老服务，由公共部门出资、第三方企业承包完成。其他的公共服务构成则包括由中心推出的一部分文化类系列服务，这些文化类公共服务主要由街道提出申请、上级部门出资筹建。例如，中心每年照例开办的书法和国画课堂，都由区级政府出资聘请专业的授课教师，并在基层政府提供的会议场地统一开展文化类培训服务。

对于此类公共性质的服务，"早期培训班涉及很多内容，现在是安排成几个系列,一年开十次,反复开。如果今年没有掌握好,明年可以继续学,直到收到成效,届时可以参加书画展进行展示,每年国庆节都会组织书画展。"这个班最早虽然不是上级政府要求办的,但是上级部门一直给予财政支持,"对于请来的专业教师,以前区政府会给予全额补贴,现在是社区和区政府各承担一半的补贴。我们社区一些居民喜爱书画,经常自发举办书画展。新成立的区社会组织联合会来调研,对书画展评价很高,但是居民表示缺乏专业指导。于是区社会组织联合会组织一些专家来指导,渐渐就形成现在的书法国画课。"(访谈记录CJ20180716)而后,此类公共服务就由单次的分散性课程发展到短期的周期性服务,"2009年时开设了书法、绘画、摄影等多个课程,但是每一位老师平均只讲了三次课,缺乏系统性。比如书法课,先是一位老师讲两三次楷书课程,然后换成另一位老师讲几次隶书课程。从2012年起,我们改由一位固定的老师系统授课,比如先从隶书讲起,再是楷书、行书,学员接受起来也更容易。2015年新开设了少儿班,2018年增加了国画班,目前书法和绘画都齐全了。"(访谈记录CJ20180723)而同作为文化系列服务之一的工笔画义工课堂,则不同于上述公共服务类项目。公共服务类项目每年有相对固定的上课周期,每个周期安排10至12次课程,一般1~2个月便可结束;工笔画课堂则是全年上课,虽然在专业性上不及公共服务类项目,但在持续性方面更具优势。

案例4-14:GY社区的一位55岁的女性参与者和她的母亲——81岁的刘奶奶在参与书法和国画班学习的时候,提出了这样的建议,女儿谈道:"以前不知道社区开设这些课程,听别人说过后便来报名的。我关注了街道公众号,便于及时收到开课通知。2017年参加书法班后,又参加了一期国画班,收获特别大。但问题在于,每年只办一期课程,时间有点短。自己本来就没有基础,老师讲得又快,渐渐就跟不上课程,平常偶尔练一练,但时间长了容易忘。第二年的课程安排又是从头开始学。建议设计长时间的连续性课程,一方面授课成系统,另一方面也鞭策自己经常练习。"老人原来在GY单位也参加过国画课程,但还是非常愿意再来报名参加街道筹办的公共服务，并且认同女儿所提的这类服务周期较短，奶奶补充道："原先在 GY 单位报的培训班是离退休管理科组织的，一学期 14 节课，为期四个月，平均一周一节课，学费 160 元/人。离退休管理科会给予一定的课时补贴。我参加的是山水画课程。街道组织的是花鸟画课程班。如果街道继续开班，我肯定还会参加，课程内容即便重复，也值得继续听，相当于复习了一遍。我希望社区能够经常组织这样的培训，既动笔又动脑，能够有效预防老年痴呆。否则整天待在家里看电视或者出门闲逛，没有什么意思。"（访谈记录 LNMV20190730）

公共服务的持续性建构，从根本上来讲，取决于公共资源的供给情况。案例分析表明，公共资源的有限性及其附加的资源管理成本，使现有的公共服务同志愿服务类项目相比，具有更加明显的阶段性发展特征。虽然社区服务体系中的公共服务类项目，在公共部门的积极引导和治理下，能够从分散性开展的临时服务活动，逐步发展成周期性运作的正式服务项目，并且具有专业性的比较优势，但在服务时长上相较于其他服务仍有一定局限。

4.4.2 便民利民服务

在资源系统治理的前三个阶段中，市场资源的储备情况及获取有效性成为服务生产中的关键问题。而在资源运用阶段，社区服务属性与市场主体特性能否有效结合是便民利民服务能够有效组织起自身再生产的核心议题。

案例 4-15：2006—2007 年，上级政府就不断提倡老年餐桌的建立，然而对于各项资源相对充足的 B 街道来说，老年饭桌却陷入难以为继的发展困境。首先，是对老年餐桌的需求定位问题。"媒体总是宣传老年餐桌的概念。我认为，不宜宣传'老年餐桌'这个概念，要宣传'助老餐桌'。老年餐桌的服务对象是真正吃不上饭的老年人，由政府或者企业照顾这些老年人，让他们能够吃饱饭。但如果总是宣传老年餐桌，老百姓会怎么看待这种行为？很多人会认为老年餐桌是政府必须建设的一个公共场所。对于老年餐桌，建和管都是需要解决的问题。调研 100 个老年人'是否需要建老年餐厅'，百分之八九十都同意建设。等到真正建设好了，实际去吃的老年人不超过百分之三四十，等过三四个月，吃饭的人估计连百分之十都不到了。"其次，基于这种服务需求和发展定位，基层政府几乎匹配不到合适的市场主体来进行此类服务的长期供给。"企业投入和政府投入的不同之处在于企业投入时需要计算成本、考虑盈利状况。我从2006年开始做这个（老年餐桌），非常了解其中的运行规律。如果我在你家楼下建一个食堂，你肯定愿意，因为你可以随时去买，很方便。所以建好这个老人食堂后，老人们并不是每天都去吃，有可能一周去一次甚至一个月去一次，但食堂毕竟还要运营，需要稳定的吃饭人群。如果吃饭的人数时多时少、时有时无，企业肯定会亏损。如果企业接二连三亏损，最后也就没有企业愿意投资这个项目了。"最后，服务管理机制虽然能够起到一定的调节作用，但决定因素仍为服务生产中的供需匹配问题。"吃饭需要预交费用，预交金额不限，比如可以预交一周的伙食费或者预交两三百块钱都可以，如果没有吃饭就退钱。如此规定就能保证有固定的客源。打比方说，有100个人交钱，虽然不能保证全部都来吃，但起码有80个人来吃，餐厅也就只赔了20份饭钱。如果不预交费，做了100份饭，今天有80人来吃，过几天可能就只有20人来吃饭，剩余的都浪费了。这是老年餐桌最大的问题。从2006年起，各个街道都在宣传推广老年餐桌，但由于客源不固定导致运行不稳定。现在通行的做法是，在某个餐厅设置老年人吃饭的固定专席，如果老年人腿脚不便，还可以送餐上门。但如果冠名老年餐桌，一些老年人就不进去吃了，他们内心想，是不是年龄不够不能去，或是去了别人是不是觉得自己懒不接待等。比如公交车上的老年专座，大部分人包括部分60岁出头的老年人，可能觉得是老年专座不应该去坐。我们现在采取的模式，是提供老年餐或者老年人不方便时打电话，我们就送餐，没有必要专门做一个'老年餐桌'似的餐厅。"（访谈记录GKZ20180716）

案例分析表明，市场逐利性与社区服务公益性的相持，成了阻碍便民利民服务实现自身再生产的主要矛盾。作为基层政府的街道，在其自主寻找市场资源，试图培育商业化社区便民服务网络的过程中，会面临许多困难。诸如，市场服务的发展需要与市场中的主体建立持久的合作关系，这就意味着前提是合作能使企业维持一定的收益水平，而这种营利性目标和公益性追求之间的矛盾，也是许多社区商业服务被诟病公益性匮乏的主要原因，难以平衡这两者的关系，也成为此类服务难以建立和维系的重要原因。

4.4.3 志愿服务

前文提及，街道方面组织的公共类社区服务涵盖了文化生活类服务项目中的一部分，而志愿服务实际是文化生活类服务项目的主体构成。除了街道书画培训属于公共服务项目，其他众多服务活动包括社区居委会免费理发、乐器知识与养生讲座、马头琴社区巡演与培训、京剧队为80岁以上老人表演庆生、舞蹈联盟社区巡演、邀请辖区退休专家举办"院士专家面对面"讲座等项目，均是在公共部门的引导之下，依靠志愿服务组织和个人逐步组织、拓展起来的服务形式。虽然，目前在基层社区有意愿从事志愿服务的人不占少数，但是义工和志愿者服务的持续性是一个关键问题。可以说，从资源运用的视角来看，尽管志愿服务的发展具有较为良好的人力资源基础，但如何维持人力资源的动力和活力，还需要公共部门通过资源管理机制的改善，进一步激发和挖掘。

案例4-16：工笔画课堂的杜班长由于要搬家，与开课地点距离更远了，于是有其他学员建议他可以在新家附近的社区打听看看，是否有那种刚毕业大学生教的班，建议他可以就近去学学。"音乐专业大学生教课能力强，但不足是他们仅在假期教课，开学就不教了，而且也不会每个假期都教。比如去年有一群北师大学生教书法、绘画等，效果很好，但只教了一两个月就不教了。"（访谈记录DBZ20181018）

案例4-17：马头琴义工培训班在发展初期也曾面临过由草根义工提供服务的情况，由于专业技巧限制或难以保障服务时长等多方面原因，出现了难以持续提供服务的问题，这时要想维持服务的持续发展就需要考虑进行人员的调整和更换。"这个马头琴培训班最早是一位黄老师组织的。他在内蒙古出生、长大,大学学的是音乐专业,毕业后在北京成立了一个礼品公司。他喜欢马头琴,也很有头脑,他在百度帖吧发帖询问是否有人愿意学习马头琴。于是一些人找他学,地点在他家,时间也是每周六。"

后来这个班联系到 B 街道的资源,经街道支持批准,这位黄老师继续做任课教师。直至 2011 年马头琴义工培训班正式成立后,"由于黄老师不是专业学习马头琴的,所以教不了高级课程。但由于人脉广,请了许多马头琴专业人士来指导。大家边听边学,提升很快。但是专业人士不能长期来授课。于是黄老师跟 MD（辖区内某大学院校简称）民族器乐学院马头琴专业的张教授合作,张教授带了他的两个学生,其中之一就是现在的苏老师。后来 JD（辖区内某大学院校简称）的汤教授也喜爱马头琴,就跟学校申请使用 JD 教职工的活动场地,JD 老师也可以去学,这就是初级班的前身。学员在初级班积累了一定的基础,就可以来街道会议活动室接受苏老师的指导。后来黄老师又联系了某著名演艺集团的老师去授课,但需要支付课时费（300元/次）,刚开始学员支付会费,由会费支付课时费,会费不够就由黄老师补缺"。

直到现在,街道一级的马头琴培训班持续发展下来了,但在单位型社区里发展的培训班情况很不乐观。"JD（辖区内某大学院校简称）的初级班最近好像停办了。这个班之前一直不收费,从去年开始收费,收费标准是 400元/人。有演艺集团的老师在 GT（辖区内某国家事业单位简称）办收费班,也是公益性质,早先一期 10 节课收费 300 元,现在是一期 800 元。不同于苏老师一对多整班教学,GT 收费班的特点是一对一辅导。任何组织能有发展都需要大量的人力、物力、资金投入。"（访谈记录 CJ20181024A）

以上案例表明,志愿服务资源运用过程中的资源储备、适配程度、重组情况、管理方式等多方面因素,都对志愿服务的建构进程起着至关重要的作用,而上述因素的动态变迁,也为志愿服务的持续发展带来考验。其中,人力资源的属性、开发及管理问题,始终是志愿服务建构过程中最为关键的议题，也对志愿服务的发展走向起着决定性作用。资源运用作为社区服务体系建构阶段的最后环节，依赖于前期资源的配置、拓展和整合，公共部门如何在这些环节中引导志愿服务的良性发展，也将决定着志愿服务作为最终的服务形态如何呈现给社会公众。

第五节　小结

福利资源具体指在治理过程中福利化的社区内的社会、文化及经济资源等，而对社区服务的治理就是将此类福利资源进而用于社区服务的生产与再生产过程。这一层面的福利资源概念既对应了前文所述福利治理的双重含义，即分别作为治理要素的福利和治理技术的福利，又借由福利治理的内容和工具两个维度，呈现了社区服务的生产与再生产过程。虽然本章具体考察了包括资源配置、拓展、整合及运用的福利资源利用过程，但由于资源系统本身不具有能力属性，因而对管理系统和资源系统间互动关系的反映主要蕴含在资源系统的治理过程及其成效之中。

本章从治理的资源系统出发，分析了社区服务生产与再生产过程的基础条件——资源利用问题。通过分析社区服务系统的资源治理状况，研究认为社区服务的生产与再生产过程，就是将福利资源配置、拓展、整合和运用的过程，而这一过程也直接构成中国社区服务体系建设目标的"四步走"实践路径——即中国社区服务基于差异化的资源子系统，进而将社区资源福利化，再进一步将社区服务项目化，最终实现社区服务体系建构的政策目标的四个主要阶段。

资源配置作为福利资源利用的基础和初级阶段，由于资源分布不均、使用断层与分配叠加等具体配置模式，致使社区居委会层面作为社区服务资源的子系统，在福利资源配置这一基础环节，就已产生差异化的结构性特征。

而后，在资源拓展阶段，社区资源经由基层政府部门的引导，抑或通过自生自发路径，最终经过了福利化的转型过程，为社区服务的再生产提供了资源补充。在该阶段，包括志愿服务人士等人力资源、社区社会组织等组织资源以及便民服务企业等市场资源都在转型过程中保证了社区服务的福利效应。

接着在资源整合阶段，基层政府对具有同质性的服务类型进行整合，推出以"品牌"为特征的三类社区服务项目，包括：将文化类公共服务与文化、生活类志愿服务整合为文化服务项目；将养老服务业建设、老年宜居环境改造等老年相关的公共服务与便民服务整合为居家养老模式；将所有种类的便民服务合作商统一纳入街道的服务商管理体系之中。

最后，在资源运用阶段，对应政策目标"公共服务、志愿服务、便民利民服务"——社区服务体系建设的三类服务构成，基层社会的社区服务在实践中，基本完成了体系建设的基本要求，但三类服务再生产过程中的存续问题值得关注。

如果从政策视角考察福利资源的利用过程，可以发现既有的一些社区服务政策，在对资源系统的瞄准上，出现了一定偏差，并因此产生了一定不利影响。例如，"菜篮子"等便民服务工程，通常按社区居委会的规模分派建设任务，那么街道社区服务中心的职责就并不是从街道辖区范围——即社区服务资源的整体系统出发——调配资源的分布情况，而是按照政策要求，将任务传达给社区居委会，无论居委会是否具备相应的资源基础，它们也必须达到政策任务要求，即使会因此滋生一定的资源浪费并影响社区服务的存续。

第五章
福利供求调适：输送激励、风险管控与自组织

尽管社会福利资源是福利治理的基础性条件，但福利资源的存在却不一定带来政策对象的福利获得。无论社会服务是由公共还是私人主办者来提供，都存在如何建构输送系统以促进一致性和可获得性的问题，对服务输送系统的批评主要集中在地方服务输送系统性质的缺陷上，尤其是分割性（fragmentation）、不连续性（discontinuity）、不负责性（unaccountability）和不可获得性（inaccessibility），分别包括福利服务的地理位置不同造成服务的分割、同一地区但交通不便不易连续获得整个服务、福利提供者的态度行为不负责以及服务对象由于居住地、社会排斥等阻碍难以进入社会服务网络获取社会福利等具体情况（吉尔伯特等，2003：225）。

福利制度和福利主体（Welfare Institutions and Welfare Subjects）的激活问题（Activation）是福利治理领域一个新的核心关注点，不同于"双重转型"的观点，即一方面涉及个人与制度之间新的关系，另一方面涉及制度之间契约、市场和网络关系在多元状态下的延伸（Bonvin *et al.* 2006），纽曼（2007）提出了三组动态，而不是单一的双重动态，具体包括：政策和治理之间的动态关系、不同治理体制之间的动态张力，以及活跃的（Active）、激活的（Activated）和激进的（Activist）公民形式之间的动态关系。激励机制、风险管理及伙伴关系是福利输送及其管理过程中的重要问题（克拉克，2017：102-106）。约翰逊（1987）在《转变中的社会福利：福利多元主义的理论与实践》中对福利多元主义概念进行系统性讨论时，将社会福利资源分为四个来源部门：其一，公共部门，即各级政府与公共政策所提供的间接或直接福利；其二，非正式部门，即由亲属、朋友和邻里所提供的社会和医疗服务，以及社区照顾与家庭照顾；其三，志愿部门，主要包括邻里组织、自助或互助团体、提供服务的非营利机构、医疗或社会研究团体、协调资源的中介组织等；其四，商业部门，即企业所提供的职业福利和市场上的可购买服务。该观点为我们理解社区服务的多元供给主体及其伙伴关系提供了借鉴。

本章采用治理能力研究中管理系统的方法论，从管理的层次视角切入，在回应福利供求关系调适的同时，讨论社区服务输送及其管理过程中的重要问题，重点关注福利治理机制的运行和效果。不同于管理过程视角注重考察公共政策动态运行过程的各环节，包括政策问题认定能力、政策方案规划和选择能力、政策执行能力、政策评估能力以及适时的政策调整能力等（王骚等，2006），管理的层次视角批判了此类传统的基于管理职能分析公共管理问题的路径，这些路径通常包括计划、组织、人事、指导、协调、报告、预算等过程，层次视角更注重管理工作的不同层面，进而可以将管理职能划归为政策管理、资源管理和项目管理三类（Philip，1975）。另外，地方政府能力的提升也可从工具、组织能力和资源三个维度入手（Scott *et al.* 1975）。本书将管理层次视角的分析维度与福利供求调适的重要议题关联起来，以人事维度、工具维度和组织维度分别对应激励机制、风险调控及伙伴关系调适，从这三个层面加以考察。

第一节　福利管理的激励机制

5.1.1 激励因素：考评等级与荣誉

有研究表明，政府雇员比营利性组织的员工更愿意为慈善事业做志愿者，非营利组织的工作人员也比营利性组织的同行更愿意去做志愿者，但在个人慈善方面，在公共服务和私人雇员间没有发现差异，这些研究结果通常支持了公共服务动机在公共服务而非私人组织中更突出的假设，特别适用于政府人员（Houston，2006）。这意味着，与社区服务生产直接相关的主体，包括基层政府工作人员、社区社会组织、居委会工作者及义工志愿者等群体，在社区服务这样一个公共事业的背景下，具有相比私人领域更强的公共服务动机。由此可以推论，加强对此类主体的正向激励，与引入市场中的营利组织相比，对社区服务发展会有更加明显的促进作用。这是服务者激励作为充分条件的一个方面。

服务者作为发展社区服务必要条件的另一个方面，在于其促成社会服务伙伴关系中的关键角色。协作窗口的出现本身并不必然导致伙伴关系的形成，即包括问题、政策、组织和社会政治经济环境等不同源流的汇合可能会创建一个临时的达成协作关系的窗口，但同样必要的是一个协作承办人（Collaborative Entrepreneur）的角色，他认识到协作窗口，并有能力将相关的、重要的、适当的利益相关者和参与者聚集在一起，简言之，这个角色必须能够收集适合定义协作窗口的特定时空特性的潜在合作伙伴，并使用适合参与者和协作窗口特性的特定初始治理结构在这些合作伙伴之间发起联盟（Takahashi et al. 2002）。尽管在后续的协作关系调适中，协作承办人无法保证这种特定的伙伴关系在变化的时空条件下能够有效持续，但这一角色在服务主体关系促成方面起到至关重要的作用。

从B街道目前对于街道内部社区服务中心科室的服务管理者的考评来看，街道在管理体制方面尚未将基层社区服务管理群体的服务管理成效与工资福利待遇紧密关联起来，尽管有相对完整的绩效考评标准，但考评过程主要以工作记录的方式开展，不具有严格的绩效属性。B街道对公务员的考核方法主要是以日常考勤为依据，通过个人工作纪实进行评价、领导审核评鉴等方式考核，具体操作方式为：公务员依据自身岗位职责和工作目标，进行工作纪实，结合考核指标进行自我评价，自我评价在平时考核中所占比重为40%，直接领导考核的比重为60%[①]。绝大多数社区服务中心的服务管理者的平时考

[①] 引自B街道每位公务员考核手册中的《B街道公务员平时考核相关规定》内容。

核都由科长负责,只有科长的平时考核由街道主管该部门的领导负责。B街道内包括社区服务管理者在内的公务人员按月填写《B街道公务员履职情况月报表》,具体包括每月的工作任务、工作情况纪实(计划内工作——指完成工作任务、阶段性工作目标及成效,承担急难险重任务情况等)以及完成的其他工作(计划外工作)。每一季度要填写《B街道公务员平时考核评鉴表》,具体包括出勤情况、季度工作小结(包括重点任务完成情况、日常工作任务完成情况、创新举措)、季度奖惩情况、考核得分(40%个人自评+60%领导评鉴,满分100分)以及考核结果(主管领导填写,考核得分90分以上考核结果为"好"、80~90分为"较好"、60~79分为"一般"、60分以下为"差","好"的比例不超过参加考核人员的40%)。最后,每一年度填写《B街道工作人员履职情况年度工作总结》,没有具体内容要求。

社区居委会作为街道社区服务开展的子场域和自治组织,包括社区服务中心及其他科室等,均没有向居委会提出社区服务工作的绩效要求。一位居委会主任在提及街道方面对居委会服务活动的考评情况时回答:"我们的工作宗旨就是服务群众、组织群众,所以举办活动是分内之事,没有具体要求。"就社区服务工作来说,社区服务体制最终会通过其他路径与社区工作者个人建立一定的激励关系,"目前街道对社区居委会没有考评,但是每年年底居民会对社区居委会干部进行打分,这相当于干部的业绩考核。考核等级有优秀、合格、一般以及不合适四类,考核结果不与工资挂钩,只是计入个人档案。据说以后街道的社会建设办公室可能会对居委会有考评,考评结果甚至有可能与个人晋升相挂钩,但目前不清楚具体细节。这种考核和活动举办情况没有直接关系。"(访谈记录DLS20190819)

案例5-1:负责马头琴培训的义工苏老师是完全义务教学,但是她会和街道的服务管理者沟通,寻求公共部门给予的体制激励:"苏老师更愿意获得一些公益性质的荣誉,比如区里评的义工之星等,我们给她申报了五星等级,但这种荣誉不是每年都有,2017年就没报。以后可能改用网上申报的方式,网申的弊端是存在虚报数字的情况。"2015年1月,在社区服务中心申请的多方资金支持下,第二场B街道新年音乐会得以顺利筹办,这场音乐会以马头琴表演为主。在苏老师的提议下,该音乐会额外冠上了"苏老师马头琴师生专场音乐会"的副标题,街道的服务管理者接纳了这一提议:"苏老师是马头琴专业出身,对马头琴以及背后的民族文化有很深的情怀。没有从事这个专业会有遗憾,所以她很想在培训上做出一些成绩。第二年再次筹办音乐会,让MD(辖区内某大学院校简称)的老师、毕业生以及业余人士同台表演,很大程度上是苏老师的推动。苏老师希望街道能给予支持,费用三四万块钱。"从表面上看,这次的音乐会申办对基层政府的工作业绩、该项社区服务的长远发展以及实现与其他社会资源的长期合作来说,似乎都是有利的。"正好当时W主任(时任B街道分管社区服务中心的领导,现已退休)跟我们一起创建文明城区。2014年街道举办音乐会时,我就邀请W主任来观摩,W主任看完演出后很激动,当场表示这么好的活动形式需要大力宣传。我趁机说能否支持明年自己做。后来苏老师提出举办音乐节的意向,三四万元左右的预算分别由苏老师、其余老师以及街道分摊。W主任表示认同。我后来申请了5万元的预算,预算更充足了。苏老师的出发点是带着学校的师弟师妹们一起来做音乐节。"后来尽管在经费问题上经历了一些困难,由于实际去租场地时发现费用远高于预期,申请的经费只有5万元,但最后由于前一年在GT音乐厅举办过音乐会,在租金上给了一定优惠,后来街道的服务管理者又从区义工联申请了大概1万块钱,算是解决了场地问题,可见,服务管理者将政府资源引入社区服务的发展过程并不容易,"组织这些活动必须用心,不用心肯定难以组织并坚持下来。平常我们会东挪挪、西凑凑,尽可能增加一些活动经费"。(访谈记录CJ20181024A)

各种扶持和激励能够满足社会志愿服务人员的一部分需求,对于社区服务扩大规模及提升影响力也有促进作用。但是,支持政策不一定时时存在,需要有一定的时机,支持的举措也常伴随一定的附加条件,而这有时与社会志愿群体的需求产生矛盾,有可能造成社区服务依靠体制的力量发展的目标最终落空。同样以马头琴音乐会为例,可以进一步观察到主体间在激励需求与方式方面的矛盾。

案例 5-2： 由于该音乐会是经街道多方申请、在公共财政资金下筹办，但除街道外还冠上了苏老师马头琴师生专场音乐会的名字，这在当时还是引起了街道内部其他工作人员的一些反感情绪，"街道发了通知，如果需要票只要登记即可，登记领票的人不多。同时还给居委会工作人员以及演员发了音乐会门票，他们也可以邀请亲朋好友观看，演出当天座无虚席。但是活动过程中总有不同的声音，有人认为举办这样的活动相当于街道花钱给老师树碑立传。但实际上音乐会冠名是 B 街道新年音乐会，老师没有收一分钱只是挣个名声。这是个公益性活动，群众受益，老师也从中赢得名声，何乐而不为呢？"但这次"矛盾"令以后向上级申请资金的路多少变得难走了些，"那件事把向上级申请的路堵死了，再申请不可能，也没有人再支持了。而且 W 主任也不在了，做成这些事情讲究机遇。"（访谈记录 CJ20181024A）

从表面上看，音乐会的"停办"是由于服务管理者与提供者在服务供给方面的意见相持、难以调和，最终致使服务资金短缺、项目终止。而从激励的视角考察此次合作的破裂，实际是福利管理体制与福利激励需求之间的矛盾。福利管理者期望提供者的志愿行为依照公共方式展开、实现更多社会价值并减少个人主义色彩，但作为福利提供者，志愿者和义工人士有时希望从个体的福利行为中，获得体制认可带来的激励，这种激励需求可能表现为物质或精神等多方面需要。只有福利管理体制和福利激励需求之间实现调和，福利管理层面的合作关系才能建立起来。

5.1.2 保健因素：管理之道

心理学家赫茨伯格在管理学界的学术声望，很大程度上源于他提出的双因素理论，亦称"激励—保健因素理论"，该理论也成为这位美国学者最主要的成就。激励因素与工作性质相关，包括工作成就、对成就的认可、工作本身、工作责任、成长或晋升的机会等；保健因素则通常外在于工作，包括公司政策和管理监督、人际关系、工作条件、工资、地位和安全等，管理者在激励他人时既要注意保健因素必不可少，以免被管理者对工作产生不满情绪，另外激励因素本质上对员工的态度有更长远的影响，能够增强被管理者对工作的满意感以及内在动力（Herzberg，1968）。

在田野调查中笔者发现，社区服务中心的工作人员作为基层社区服务的直接管理者，按规定对包括社区社会组织、社区服务参与群体给予一定的激励，包括为进社区巡演的马头琴表演团队成员准备一些日常用品作为服务活动的纪念品，为到街道会议室聆听养生课堂的参与者们提供水和抽纸等小礼品等。此外，管理者们还对义工群体有一些特别的"照顾"，包括对这些服务直接供给者提供一些"补偿"，作为一种"隐性福利"，从而避免工作中不满情绪的产生。

案例 5-3：作为义工，义务提供社区服务多年没有正式的报酬，固然不易，街道的服务管理者坦言："教工笔画的王老师没有多少钱，但能坚持这么多年，很了不起。北京市五星级义工是自下而上评选的，需要服务至少 1500 个小时，也就他能达到这个标准。我们帮他申报的，因为除了他没有其他人来做义工。在一个街道，很少有这种坚持长期做志愿服务活动的人员。"（访谈记录 CJ20180824）

但从服务提供者的视角来看，并非完全没有"不满情绪"，王老师在访谈中就提到："志愿者和义工有区别。志愿者乘车能够报销车费，提供给其工作餐，但是义工都没有。我是义工，等级没有志愿者高，陪着打发点时间。"提到同为街道文化服务体系下的老师，王老师表示："我也只是随便做做，不是正规讲课，我们相当于陪着做些事。"（访谈记录 WLS20180823）

王老师尽管有北京市五星义工的荣誉，但由于义工与志愿者性质不同，不能享受补贴，因而义工主要是以纯义务的方式提供服务。街道的服务管理者介绍道："义工和志愿者工作内容差不多，但是志愿者有交通补贴等补助，义工没有。今年我提议把他所在的海淀义工联合会以及街道的墨情画韵（经街道整合后的文化养老服务体系）加入海淀社会组织联合会，这样可以给他少量的补助。街道文化培训课的专业授课老师课时费能达到 1000 元/课，今年我们给了王老师两千块钱，明年争取再多给一些。原先每次开展活动时会发一些洗衣粉、洗衣液等小物品，顺便就给他一点，以前还给过一些书画纸，他用不完时就以 10 元 / 张的价格卖给学员。现在活动开展得比较少，基本也没什么可给的了。"（访谈记录 CJ20180824）

但除了每周的义务教学，对于这个班如何运行、发展等，服务管理者会帮忙做，王老师都不"操心"："原先我在居委会教工笔画，街道服务管理者小 C 知道后就把我安排到街道上课。将工笔画课堂项目纳入街道文化养老服务体系是街道服务管理者操办的。一周后开课，开班式上我不讲话，小 C 讲话。"（访谈记录 WLS20180823）

此外，为了服务能更好地发展，街道的服务管理者还为服务提供者介绍资源，提供场地、服装、经费等多种支持。

案例 5-4： 马头琴巡演与培训项目于 2011 年元旦在 B 街道的社区服务中心正式成立，此后逐渐发展壮大，从 2012 年至今一直担任该项目的授课老师——苏老师，1989 年出生，原为 B 街道辖区内某大学院校的学生，她从在校期间起一直负责在辖区内教授马头琴演奏，培训时间一般是每周六，培训地点是由街道提供的活动场地。学习马头琴的会员大部分是本辖区的居民，也有一小部分其他街道辖区的居民，本辖区内的会员不收会费，其他街道辖区居民入会学习马头琴，需要每年交 600 元会费，会费由专人统一收取和管理，主要用于购买琴、鼓等演出所需器材，这些器材不同于平时所用，主要由苏老师用会费统一购买，此类演出器材归会员集体共有。"有一年端午节五塔寺搞活动，我说我们街道可以表演马头琴节目。那次活动中，苏老师还制作了一件印有北京义工之星标志的白色 T 恤衫。后来中秋节智化寺举办寺庙音乐节，也邀请我们去演出。"在 2014 年，街道的服务管理者又为服装问题争取到上级的资金支持，"2014 年，我向区政府申请经费用于购买服装，区政府拨了 1 万元。苏老师要求高，选的服装很贵，大概一人 2000 元，区里经费平摊下来每人补贴四五百。当时很多人不理解为什么要买这么贵的衣服，现在回头看这些投入是值得的。"（访谈记录 CJ20181024A）"马头琴演出队伍的服装是大家自己掏钱做的,其中一套黄色演出服是用从文教科申请的1万元经费购置的。"(访谈记录CJ20180906)

义工志愿者群体自身也会在与服务参与者的对接中,利用"保健因素"作为一定调节。

案例5-5:马头琴培训的民间发起人黄老师对马头琴艺术的热爱和本身对公益事业的奉献精神,使他具备充足的"激励因素"坚持从事这项志愿服务,但服务管理环境和人际调节的一些因素也会促进他增加志愿服务的动力。"黄老师一开始说,想来学琴的人,如果不知道能不能坚持下去,可以先不买马头琴,在这里可以使用公用的马头琴,回去练习时可以再租用公用的琴。黄老师通过出租马头琴获取一些收入,此外还帮一些学员买琴,从中赚取一点利润。"(访谈记录CJ20181024A)这个"利润"与黄老师对这项志愿服务的资本投入相比可能不值一提,但对于服务管理运行机制的完善有着较多促进,而这作为"保健因素"往往能够促成一定激励作用的产生。

服务参与者群体本身也会促进"保健因素"的改善。

案例5-6:街道新年音乐会的发展"机缘"。"2014年,苏老师打算组织一场年终汇报演出,让每个学员登台演奏,实际上多数人拉得都比较难听,但通过这种方式提高了大家的学习热情。大家免费学习马头琴,对老师、对班级都有感恩之心。当得知演出计划时,班里的一位律师学员协调了GT音乐厅的负责人,免费使用GT音乐厅办演出。"

继2014年和2015年分别在社会力量和公共部门支持下举办了以马头琴为主的新年音乐会基础上,2017年依靠马头琴学员自身的社会资源,马头琴培训团队又"机缘巧合"地办成了一次音乐会。"通过开音乐会,会吸引新的学员。比如2016年,培训班来了一个内蒙古新学员,其家属是中央人民广播电台蒙语部工作人员。这位学员被老师的奉献敬业精神所感染,愿意帮培训班做宣传。刚好中央人民广播电台也有相应的宣传任务要求,两者一结合,广播电台就派记者过来拍摄宣传片。第二年恰逢内蒙古自治区成立70周年,电台赞助在GT音乐厅举办一场音乐会。后来电台又给苏老师做了专

访。"（访谈记录 CJ20181024A）

案例分析表明，通过社区服务管理者的努力，包括对服务提供者、参与者等群体在物质和管理服务两个层面，提供一定的"福利"作为社区服务治理场域中的保健因素，并发掘和引导服务参与者加入保健因素改善的群体中来，使社区服务的生产实践不仅受正式制度等直接因素激励，还可兼顾非正式的间接因素带来的保健激励效用。

5.1.3 时间冷却：服务冲突的应对

自然消退是强化理论中的"冷处理"或"无为而治"的一种行为弱化方式，是在对于不希望发生的行为，除了直接惩罚外的另一种激励措施，属于行为修正型激励理论的一种微妙的行为影响路径（王凤彬等，2011：187-188）。在社区服务的开展过程中，难免收到少数参与者略显偏激的意见，服务提供者和服务参与者之间也时常出现矛盾，这时作为服务管理者，承担着重要的调节角色，如何通过激励手段及时解决可能激化的服务冲突，采取"冷处理"的办法有时也能够产生更好的效果。

案例 5-7：同样纳入文化服务体系的授课教师具有不同的社会属性。由街道组织筹办的文化培训课程，主要是由上级政府安排专业授课教师到基层授课，而由街道自己发展培育的义工课堂，同样作为街道一级由社区服务中心统一负责的文化培训课程，授课老师尽管具有一定程度的专业知识水平，但并非具有专业授课技巧。以义工课堂的王老师与其他专业授课教师比较："我跟王老师说，具体买哪种画笔、水粉等工具，可以在群里统一说明，但是他没有这个习惯。其他班教书法、写意的老师，有着丰富的教学经验，授课内容都是自己安排，有时居委会会提供一些引导性建议。王老师不在意这些，他的坏脾气把许多学员'骂'走了，但是坚持下来的学员慢慢能熟悉他的脾气。我多次劝说他别再'骂'人了，我在招人，你却在'赶'人。"（访谈记录 CJ20180906）"此前（王老师）把许多人都骂退学了。其实并不是骂人，主要是话说得比较重，不给人留情面。他本身文化水平不高，也不是教师，在教学方法上有局限。但是我认为他的工笔画水平较高，能够传授经验。一周后新一期培训班要开班了，新学员有20多人。我要提醒他注意说话方式，之前也提醒过，但过一段时间又忘记了。接触他久了就熟悉他的性格了。"（访谈记录CJ20180824）

案例5-8：马头琴项目的苏老师同样也是此类义工，而非专职教师。"马头琴学员以老年人居多，尽管苏老师年轻，但当学员拉得不好时，她也会不留情面地批评，'你拉的音调能听吗？'一些受不了批评的学员就离开了。苏老师有主见，尽管毕业后没有从事音乐专业工作，但时常跟着团队演出。""苏老师很厉害，会讲课，也有自己的思路。她来这里教课，可以一分钱不要；不对路的话，给再多钱也不一定会教。"（访谈记录CJ20181024A）

面对义工的"个性"，除了个别情况下以劝说的方式进行修正，街道的服务管理者主要还是采取"无为"的管理手段，在不影响服务整体的情况下，尊重每位老师不同的教学方式。服务参与者也时常在中间起一定的调节缓和作用。

案例5-9：当王老师讲述自己因义工非"志愿者"身份而难以得到任何补贴的情况，透露出一定的"消极"情绪时，工笔画课堂的学员在一旁以称赞、安慰等方式，给予了劝说。学员1："我认为志愿者和义工是一样的。"学员2："我觉得志愿者等级没有义工高，王老师是义工典范，没有人像他一样能服务几千个小时，街道办都把他当作自己人。"学员1："对，王老师是自己人。"学员2："对，志愿者他们不一样，志愿者是王老师请来的。"学员1："志愿者是外人，是来帮忙的。"（访谈记录GBXY20180823A和GBXY20180823B）而后，王老师情绪一转，开始边教学边谈论其他的事情。

案例分析表明，福利管理的激励机制不仅通过激励、保健等干预性因素发生效用，在一些情况下，冷处理的"自然消退"方式也许是应对社区服务冲突更为合适的选择。在这些情境下，管理者需要减少干预性手段，在不影响服务治理的前提下，将服务激励的节奏放缓，让其有自我调适的发展空间。

第二节 福利参与的风险、约束与资格把关

5.2.1 参与风险管控：组织登记、报名表、人员签到、责任书、培训要求

本小节主要阐明街道作为基层政府，对服务参与者及服务组织过程中的风险管控手段，案例分析来源主要为街道辖区内文化生活类系列服务。首先，街道会对参与者进行登记，个体的参与者是将报名表提交到社区服务中心，社区社会组织则是在街道备案，虽然近年来对此类组织备案的具体规定和系统名称均有所变化，但是备案环节的管理整体还是比较宽松，并不严格。街道范围内社区社会组织的登记和注册工作由第三方民办非企业的社会组织承包。

案例 5-10："原先是北京市海淀区志愿者联合会，我们街道称之为志愿者分会，居委会称之为义工站，其实都是一个组织。我们分会只是在区里备案，没有登记注册，可以理解为每个街道都有一个分会，社区中心会有一名工作人员统一管理。我们街道的分会事情由我负责，同时还负责义工工作。社区社会组织都在街道做了备案，前几年梳理了备案手续。每年都会通过居委会对这些社区社会组织进行摸底，因为它们和社区居委会联系密切。"（访谈记录 CJ20180801）

人员签到是社区服务治理过程中，管理系统中的另一项工具性手段。管理人员会在服务地点的门口位置安排参加者签到，无论是提前报名的参与者还是临时到场参加活动的参与者，原则上都要在签到表上签下个人姓名。负责签到的人一般是中心的工作人员，有些班安排参与者中的"班长"组织签到。总体来讲，签到手段并非强制，且在运行中比较松散。

案例5-11：工笔画王老师："（学员们）有时候要照顾孙子，有时候出国旅游，还有住院的，干什么都有，我这也不用请假，来不来都行。（问：咱这没有签到吗？）街道管理人员负责签到，但有时候签到、有时候不签到。"（访谈记录WLS20180823）

工笔画班的学员谈道："我们有班长，班长负责签到，不过班长今天请假没来。"（访谈记录GBXY20180823A）"（工笔画班）原来签到，后来不怎么签了。"（访谈记录GBXY20180823B）

作为工笔画班负责签到的班长也表示："来不了没关系，上课完全看个人意愿。愿意来就来，不愿意来就不来，也不用请假。今年来几次，有事等明年再来，也可以。"（访谈记录DBZ20181018）

社区服务中心的工作人员表示，人员安全的保障是文化服务中的一个重要问题，尤其此类服务的提供者和参与者平均年龄较高，人员构成主要是退休离休的老年人，这使服务过程难免承担更多的风险因素。"参加我们活动的人中，刚退休的女性比较多，年龄偏大，其中一部分舞蹈基础还不错。后来参加合唱展演的人，男女都有，年龄跨度大。有一位老人，患有脑梗、半身不遂，也坚持要参加，即便社区居委会劝说，他也不听，最后家属骑着三轮车送他过来再由别人扶上台。他上台时我们也揪心，生怕他出事，一直等他下台、被家属接走，我们才放心。"（访谈记录CJ20180724）因而，中心方面会要求文化服务的所有参与者在报名的同时，阅读安全纪律责任书并在责任书的签名表上签名。责任书的内容包括培训纪律，与开班通知中的培训要求类似，但在语义上更严格一些。以书法班的责任书为例，关于第二条请假问题，责任书的培训纪律相比开班通知的培训要求增加了"确实因身体及其他原因不能上课，提前向班长电话请假"的纪律要求，最后对于举办书法班的一条补充要求为"学员要积极参加"。此外，责任书反复强调个人安全问题，"为了保证活动的顺利进行，参加书法培训的书法爱好者要特别注意自己的身体健康状况是否能参加培训，并在参加培训活动的过程中，时刻注意安全！""为了本次活动的顺利举办，保障书法爱好者的安全，本次培训活动实行参加培训人员自己签名，证明自己可以参加本次培训，如在培训过程中出现各种由于身体原因造成的任何后果，都由本人承担。请各位书法爱好者给予配合。"以上是服务频次更多的书画类文化服务的责任书内容，而展演类等文化服务的责任书在内容和程序上均提出了更为严格的要求，具体形式参见附录C。

2018年街道社区服务中心整合辖区范围内多种服务活动时，将书法培训班（成人）与少儿书法班正式合并列入"墨情画韵"系列活动，并更名为"祖孙同乐堂"，在服务的通知中，除了课程的时间、地点、形式、授课教师、报名方式及安全事项等基础信息外，"培训要求"作为单独一项内容占据了通知文案的主要篇幅。

2018书法班培训要求：

（1）上课学员要尊重老师，不向老师索要墨宝。

（2）学员提前10~15分钟到教室，上课时关闭手机，不交头接耳，不讲与培训无关的话题。

（3）因为本次培训聘请的老师为海淀区书法名家，机会难得，要求学员珍惜上课机会，坚持上课，无特殊原因不得请假。

（4）学员上课时要爱护桌椅，不小心遗留下的墨迹在下课时要自行清理干净。

（5）学员上课需自备毛笔、墨盒、书法毡、练习用笔、纸等文具，墨汁统一提供。

（6）为了展示培训效果，本次培训结束，组织一次学员书法展，聘请书法名家进行点评，进而提升学员书法水平。

笔者查阅了往年开班通知并进行对比，发现除了第五条要求有细微变化，其他要求无异。例如，2014年书法班（当时的名称为名人大讲堂书法培训）开班通知的第五条要求为"学员培训字帖、作业纸和墨汁统一提供，学员需要自带写字毛笔等文具"；2015年在前一年的基础上添加了第七条"去年参加过书法学习的老学员请准备好一幅两尺的《赵孟頫胆巴碑》临帖作品";2016 年和 2017 年书法班（当时的名称为书画学校）开班通知的第五条要求为"学员作业纸及墨汁统一提供，学员需要自带写字毛笔等文具"。

5.2.2 传递过程约束：影像与文字记录、技术门槛设定

本小节主要涉及政府公共服务向下覆盖中的具体管理方式，政策文本为约束手段，约束的对象是这些公共服务的直接传递者，案例分析来源主要是街道辖区内的居家养老服务。这些服务传递者，也构成了本书提出的社区服务重要主体角色之一，即除管理者、提供者、协作者、参与者、中介者、协调者之外的第七类角色——传递者。

北京市民政局、财政局与市老龄办于 2017 年 12 月 29 日发布了《关于建立居家养老巡视探访服务制度的指导意见》（简称"《意见》"），对 2018 年进一步完善居家养老服务体系建设做出了规划。该《意见》指出巡视探访对象主要为本市有需求的独居、高龄以及有其他困境的老年人群体，具体包括 80 岁及以上的独居老年人、与重度残疾子女共同居住的老年人、无子女或子女不在本市的独居老年人以及身体状况和精神状况较差的独居老年人等，并要求各区制定实施标准，对巡视探访服务进行规范化管理[①]。以北京市巡视探访服务在 B 街道辖区内的落地情况为例，能够对公共服务传递过程的约束方式及其影响有更直观的理解。

案例 5-12：GTY 社区是街道辖区内的一个社会型社区，有 500 多户居民，无论从占地面积还是人口数量上看，都算是辖区内的小型社区。巡视探访政策落地之前，需要居委会确定能够传递服务的低龄老人，并给服务对象——独居高龄老人做工作，让他们接受志愿服务，服务上门时需要老人开门。社区主任介绍道："我们社区不大，但老年人比较多，而且不同层次的都有。但是我们不是大院大所，也不像（单位型社区）有后勤部门，或者有

---

① 北京市老龄工作委员会办公室.北京市民政局 北京市财政局 北京市老龄工作委员会办公室关于建立居家养老巡视探访服务制度的指导意见［EB/OL］.（2017-12-29）［2019-08-11］.http：//mzj.beijing.gov.cn/news/root/gfxwj_llgz/2017-12/125866.shtml.

家政服务团队做支持，只有街道这个渠道可以帮助我们。所以我们社区在组织活动的过程中，希望能够把街道和政府的温暖送进社区，使社区老人安享幸福晚年。实践中我们的体会是，党和政府的政策真的非常好，但我们具体落实真的存在困难。"接着，她具体谈到工作开展的难度，"（政策要求）巡访8次，且考虑到社区居委会日常工作繁忙、无暇顾及，不允许社区居委会的人来操办。通常是低龄老人为高龄老人做服务，但这项工作很耗费精力，8次巡防每次都要上门实地看。我们第一次敲门的时候，老同志就埋怨，你们不要总敲门，我不需要你们的服务，你频繁上门干扰我的生活。"而作为服务传递者的低龄老人群体，需要在服务时完成"规范化"的程序，"8次巡访，每次都要拍照填表，在手机App上做记录。低龄老人志愿者需要首先学习如何操作App。"为此，有不少低龄老人志愿者作为这种"约束"方式的执行者，就给居委会反映意见，"我们的两位志愿者很抵触，他们觉得可以免费帮社区做入户（志愿者服务是50元/次），老人们认识他们、也接受上门，但拍照记录这种形式让双方都很难受，老人不愿意拍照，志愿者宁愿去当义工，也不愿受社区的约束。"社区工作者也对这种约束方式有切身体会，"其实我也理解志愿者的感受。采用拍照打卡主要是起监督落实的作用。我们希望志愿者能实地上门为老人服务，陪老人聊天，了解老人需求，观察老人独居状况，防止独居老人在家里出问题。老人们也明白这个道理。所以说，我们的政策本身是有温度的，但在政策执行时也要有温度。不能变成探视一次，就拍照留痕一次，'叔叔，咱俩拍张照片吧，我来了'，这容易让人警惕和反感，之前的动作再温暖，瞬间也就降到了冰点。"（访谈记录GTYSQ20180831）

由于制度要求与个体需求难以完全适应，另一位社区居委会主任提出了将"人"从服务中剥离的构想："对老年人的日常巡视大概每月八次，次数相对频繁。建议能否探索利用'互联网+'技术辅助居家养老模式。即从后台监视老人在家活动情况，判断老人没有发生意外就可以了。这种方式的一个弊端是可能侵犯个人隐私。"（访谈记录LBSQ20180831）制度设定的"规范化"手段关乎政策的落地效果,从上述案例可以看到,服务传递过程的约束措施强化了服务传递的程序性要求,但同时弱化了对服务传递者和参与者的激励作用。制度影响人的行为,存在着"制度悖论":在成熟的制度环境中,行为人在追求利益最大化的同时,遵守制度规范是一种常态,个人利益最大化目标和国家制度规范相一致,符合激励相容的原理;而在不成熟的制度下,行为人追求利益最大化的同时,往往违背制度规范,破坏制度成为一种常态,个人利益最大化目标与国家制度规范不一致,因而呈现出激励不相容的态势(李怀等,2015)。从管理系统的视域来看,如何实现福利传递中的工具维度和人事维度的有机衔接,是把控福利风险并保证服务者激励的关键环节。

5.2.3 准入资格把关:准入申请、多主体参与评价

本小节主要涉及商业化便民服务的管理和风险控制问题,把关主体为街道办事处,市场主体——即辖区内有合作意向的服务商为参评对象,案例来源为街道辖区内服务商便民服务的准入及日常管理情况。

案例5-13:服务商的签订与闭合式管理。街道一级对服务商的准入程序一般包括以下三个环节:首先,符合准入条件的单位经由自荐、他人推荐或接受邀请,递交B街道服务单位准入申请表(见附录四);其次,属地社区居委会签字盖章后交由B街道社区服务中心,由工作人员进行现场实地查看后将申请表等相关材料准备好上交街道办公会审议,街道办公会审议通过后,在准入申请表盖章后方可签订合作协议,通常合作期限为1年,每年一签;最后,与服务单位签约关系成立,社区服务中心制定统一的服务商标识。"我们制定了一套服务商管理流程。第一步,申请企业需要填表并在社区盖章。相比于街道或者政府其他部门,社区更加熟悉辖区企业,由社区盖章相当于社区把好初始关。第二步,申请需要企业提供营业执照等材料,社区审核后交由社区服务中心。第三步,我们汇总申请企业信息,由城管、综治办等街道执法部门审查执法记录。如果有严重的处罚事项,我们就不能予

以通过。综合来看，先是社区审核，再是街道联合执法部门审核，两项审核均无误后，提交街道领导会审议并公示。现在进入目录的服务商总共有30家，服务商协议一年一签。在一年的运行期内，每隔一段时间（比如季度或半年），我们会将服务商名单共享到执法群中，作为联合执法或检查的重点对象。我们的首要原则是服务商不能有违法行为，一旦有违法记录，在处罚的同时还将从服务商目录中除名、不予续签。每年年底会对签约服务商进行民主测评，测评结果不达标也不会续约，考核达标的服务商才有续约的机会。每年居委会要召开楼门组长会，楼门组长对服务的实际效果了如指掌，服务商的民意结果就能得到真实反映，如此形成一个管理闭环。这项服务商管理流程及其相关制度由社区服务中心相关科室制定，经街道办公会审议通过并实行。企业入选服务商目录实际上获得了政府的信誉背书，便于今后工作顺利开展。居委会也乐于和这样的服务商企业合作。"（访谈记录GKZ20180716）

从与市场主体的合作来看，街道办事处既要负责把关服务商的准入程序，也要对服务商开展长期管理。如果具体从管理方式来看，街道对服务商的管理机制则包含了准入程序，且准入资格与评价机制共同构成了闭环的管理路径。

第三节　福利关系的调适：服务纳入与自我协调

本节借用传播学对信息传递的分类方式为视角，探究福利输送过程中的关系调适问题。虽然对于传播的类别，学界论述有所不同，但大众传播、组织传播和人际传播是具有共识的、三种最主要的传播方式（魏永征，1997）。这些传播类型作为观察视角，对于解释当下中国社区服务输送中的突出现象和最新特征，包括新媒体平台传播、微信群聊互动、服务参与者内部协调等，具有较强的适用性，且能在一定程度上促进经典理论与实践进展间的对话。

5.3.1 大众传播：福利推广与正向建构

B街道于2016年5月认证建立了官方微信订阅号，委托第三方代为运营，该公众号的定位是"弘扬精神文明、传播核心价值、服务辖区群众，深化政务公开"。同时，该公众号也是展现地区历史文化、非遗、教育、科研和产业风采的信息平台，包含办事指南、政策法规、便民信息、互动通知等内容。

社区服务中心在此平台发布的消息，主要是社区服务的推广文稿，例如服务通知、开展实况的图文介绍等内容，目的是使社区服务能够纳入更广泛的群体，吸收更多居民参与服务的提供或者使用，进而提升服务项目的整体影响力。此外，管理者还拣选一些"有代表性"的参与者，将这些个体在参与社区服务的体验记录下来，作为展现"学员风采"的案例，通过公众号向社区服务的参与者及潜在参与群体推广。

管理者挑选了以下案例：第一个案例对象是一位90岁高龄的老人——身体硬朗且积极参加社区服务的陈老先生，推送内容主要是展现老人的精神风采，分享养生经验，例如，"学习国画知识，陶冶性情，丰富日常生活，提升文化底蕴""养生经验的交流分享，老龄人群的互动互助，是我们（文化生活类）系列（社区）服务的初衷"等。

第二个案例由两位案例对象组成，两位是共同参与社区服务的一对母女——其中母亲81岁，女儿年近55岁，两位一起参与了多个由中心筹办的文化生活类社区服务，对她们的案例推送既表现了她们的学习热情与收获，也有亲情、孝义等内容，"母女二人共同参加活动，既提升了退休生活品质，也增进了母女亲情，可以说既是陪伴，也显孝道""老人的女儿认为书画班教学水平高，授课方式好，不仅能够让参与者学到知识，提升文化修养，还能使老年人走出家门，活动起来""老人提到参加（社区服务）的益处是多方面的，像参加书画班的学习，既能动笔，又能动脑，来回路上也活动了身体,课堂前后还增进了与其他人的交流,自己的学习热情特别高"。

还有几个由管理者选择的其他案例,推送内容也因个案的鲜明特征而具有不同侧重,例如,80多岁的李奶奶依旧学习热情十足,"积极参加多种书画比赛、授课,是B街道的文艺骨干……多样的兴趣爱好与坚持学习的习惯,使得李奶奶的老年生活显得别样精彩";协助管理者处理社区服务日常事宜的"志愿人士"虽然辛苦,但乐在其中,"既丰富了退休生活内容,也给个人生活面貌带来了不小的提升""学员们聚到一起,像一个团体、整体,她们通过这样一个平台,也结识了不少志同道合的朋友,课上课下交流分享,并没有像一些人所说的,退休后就脱离了社会,反而拓宽了朋友圈";独居老人通过参与社区服务,精神面貌焕然一新,"生活内容充实了,思路想法转变了,好像又回到了学生时代,能够不断学习并接受新的事物""(社区服务)让她们走出家门,书画课堂的学习也帮助她们从阴霾中逐渐走了出来"。

社区服务中心通过街道的微信公众号,传递与服务相关的所有信息。这种服务信息,不仅包括服务项目介绍、启动情况通知、开展实况报道等内容,还包括经过拣选和加工过程的案例推送信息。而这种意在展现"学员风采"的案例推送,既是一种借由大众传播推广社区服务的路径,也是福利管理者的价值传递路径。通过不同类别但却真实发生的参与者的案例,社区服务的功能在大众化的平台上被生动地传达出来,社区服务的价值也因此实现了公众话语中的正向建构。

5.3.2 组织关联:管理者、中介者、提供者、参与者的对话

除了利用大众传播手段将更多的参与者纳入社区服务中,社区居委会、单位大院等实体组织,以及微信群作为线上群组,这些组织及因组织而形成的人际关联,将更多的参与者纳入社区服务当中。

案例5-14:郑老79岁,男,ZJM社区居民,是街道辖区内某大学院校的退休教师,也是工笔画班2018年的新学员。家有一儿一女,两个孙辈,现在居住在北京市房山区,相距较远。他与老伴一直在该区生活,已经生活了

几十年。"我是北工大的电教老师,喜欢活动,每天下午都去游泳、健身。平时也喜欢画画,特别是人物画。之前不知道这个培训班,后来听社区工作人员介绍才知道。社区不是挨家挨户宣传这些活动,如果社区宣传,知晓范围会更广,参加课程的人也更多。坚持上课的那些学员,很多人画画的水平都很高,有拿得出手的作品。这位老师很好,因材施教,按照不同学员的能力水平教授。"(访谈记录 ZL20190906 和 ZL20190929)由此可见,居委会作为社区服务的中介组织,结合人际关联等方式,使服务信息得到进一步传播。

案例 5-15:陈老先生,90 岁,1999 年查出糖尿病后退休,退休前是 B 街道辖区内某研究所的高级技术人员、专业期刊的主编。"小 C(对街道服务管理者的称呼)组织的活动,我都参加,前年是书法班,今年是画画班。我就住在街道会议室对面,距离非常近,一看到这边有人开课了,我就过来听课,非常方便。以前不知道具体开班信息,现在通过微信群的消息通知了解情况。"(访谈记录 CWY20180723)

除了能够将更多的参与者纳入社区服务中来,微信群还是管理者、提供者与参与者的对话平台。以街道工笔画服务的微信群为例,和其他微信群一样,群主都是社区服务中心的管理者,群成员有服务提供者王老师和服务的参与群体,截至 2020 年 1 月中旬,该微信群的成员总数达到 100 人。虽然每周都到工笔画班学习的参与者人数少则几位,多则 20 多位,但一部分曾经学习过的参与者,还有一些潜在的参与者都在这个群里。群里的消息一般有三类:第一,课程信息。管理者或提供者每周会告知是否正常开课(上课场地为街道会议室,街道会议优先使用);参与者也有在群里发请假信息,在群内请假的参与者通常是平时出席率高的人,此类请假行为并非正式程序,或者说更像是一种告知路径。第二,学习分享。这是微信群建立的重要目的,群组所有成员都可以在里面分享课堂的记录、书画学习的有关链接、自己的近期作品等,用于成员间的相互交流,在这一层面,管理者、提供者和参与者的角色定位逐渐模糊;所有群成员同样作为学习者在同一平台上互相交流，分享学习经验，点评彼此作品。第三，生活交流。每到节假日，大家都先后在群里为辛苦授课的老师道上几句感谢和节日问候。参与者们甚至会在群里相约，一起"请"服务提供者（王老师）吃饭，表示感谢。例如，2019年1月31日是农历2018年的最后一堂工笔画课程，2019年的第一堂课于3月开始。有参与者预定好了饭店发到群里，十几位因学画而结识的参与者到场，还将和老师聚餐的合影分享到群里，其他参与者也在群里积极参与并回复。组织聚会的参与者当天晚上还在群里发了如下消息："今天是今年B社区（注：其实应该是街道）工笔画课的最后一堂课，画友们为了感谢王老师辛勤耐心的教导，聚集一堂，非常开心，畅谈感谢之情和收获感慨，并恭祝大家新春快乐，健康幸福""咱班的画友都很感谢王老师，但由于快过年了，很多画友有事或在外地，所以今天聚会的画友不多，以后有机会再一起聚一聚！3月份再见"等。

　　作为"线上组织"的微信群，也有基本的"群规"。服务管理者曾在群内发布"重要提醒"，例如，2018年9月3日，管理者C女士在更新微信群名称后，先后发布了两条信息。第一条是"各位工笔画班学员，本群今日正式更名为'老玩童工笔画堂'，特此通告"，接着发布了"重要提醒：各位老玩童工笔画堂学员，本群是为大家交流书画学习目的而建，只允许交流与书画有关的话题，不允许发布与书画无关的话题，请大家自觉遵守群规"的内容。参与者自觉遵守这条"群规"并互相监督，例如2019年8月20—21日，某成员在群内发布了一条有关储蓄方式选择的消息链接，另一位成员立刻提出疑问，回复消息为"你发的链接和绘画有关系吗？"管理者C女士也参与回复，提醒道"本群是工笔画交流群，请您不要发与书画无关的信息"。另一个国画微信群的群公告内容也是此类"群规"，"各位不老松画堂学员，本群是为大家交流书画学习目的而建立，只允许谈论与书画有关的话题，不允许发布及谈论与书画无关的话题，因为多次重申过此'群规'，请大家自觉遵守，如再有违反'群规'者，可能会被移出此群"。

　　2020年受新冠疫情影响，微信群的信息与往年相比，在文化交流和节日庆贺等内容的基础上，还结合了地方疫情时讯；同时，在公共部门的服务管理者号召下，服务参与者们创作了与抗击疫情相关的书法、绘画等多种文化作品，并在群内进行交流。虽然在日常情况下，分享地区疫情讯息与"仅限书画相关信息"的"群规"限定稍显违背，却没有遭到群内成员的反对和驳斥，且此类疫情信息在总量上并不少，具体包括疫情防控进展、防护措施、抗疫时期的个人体会等几类信息。不同的社区服务微信群内，在这一特殊时期，都出现了文化类相关信息和其他与书画无关信息并存的情况；作为全体成员关注的时事，疫情信息在微信群内得到了无阻碍的阶段性传播。可见，通过线上群组互动而建立的"组织关联"，在该阶段自主地扩展了自身的"服务"范畴：从以文化类为主的、较为单一的服务交流平台，进一步拓展了作为"线上共同体"所具有的社区分享与联结功能。

社区服务伙伴关系的调适需要与社区服务体系建设的总体目标相适应，并能够提升社区服务的治理能力和发展水平。此类对伙伴关系的治理和管理要求伙伴关系实现内部和外部的一致，以便有效运作，治理功能主要关注伙伴关系和外部利益相关者之间的一致性，而管理功能主要关注内部成员之间的一致性，它们必须共同协调环境力量、伙伴关系战略和伙伴关系能力（Mitchell et al. 2000）。那么对应到社区服务的微观场域，在管理功能的提升方面，公共部门的工作人员应加强对服务工作的彼此协调，在治理提升方面，要积极关注其他主体，包括服务组织者、直接提供者与参与者群体之间的动态关系。

5.3.3 人际调节："协调者"的角色

B街道在文化类社区服务方面发展较为成熟，每个系列的书法、绘画班都设有各自的班长，且相对较为固定。班长协助老师和服务管理者处理班内日常事宜，例如书画班的学习需要笔墨纸砚等学习器具，此时就由班长负责统计需求，老人们自愿报名后，班长联系可靠渠道统一购买，既能降低个人的购买成本，也减少购买行为对老年人群体造成的潜在不便。班长通常由基层政府的服务管理者指定，是基于长期的服务参与表现，由具有较高活跃度、具有公益精神且自愿提供帮助的服务参与者担任。班长，可以称为是继社区服务的管理者、提供者、协作者、参与者、中介者、传递者之后的第七类主要角色——协调者。

案例 5-16：杜班长是街道工笔画课堂的班长，2016 年加入该班学习工笔画，由于原来的班长因故不能保证课堂的出勤率，他便被街道的管理人员指定为班长，负责协助课堂签到等具体事项。杜班长无固定工作单位，家虽然在海淀区，但不在 B 街道的辖区内，后来经朋友介绍，加入该班学习，此后就一直没中断。由于访谈当时杜班长家正准备搬到昌平，他把班长的责任转交给另一位能保证出勤率的学员。"我把签到本交给李（学员），以后让她当班长。我家搬到昌平了，从新家到这里坐车至少一小时。以后还会过来画画，但是可能不会每次都来了。"不在辖区内的居民参加社区服务的情况并不少，社区服务一旦形成了，服务的辐射范围由于受人际传播的影响，会难以限定自身边界。"我住的地方离这比较远。我们这儿长期坚持的 10 个人有一半不是本街道的，都是别人介绍过来的。我每次骑车过来学画画。（问：介绍您过来的朋友是这边的吗？）也不是，杨大姐介绍给我朋友，我朋友又介绍给我。"（访谈记录 DBZ20181018）

"我是 2016 年开始参加，是朋友介绍的，朋友推荐说有一个绘画班很好。写意班是今年刚参加的。老师通常两点准时上课，我们提前 10 分钟来即可。在绘画班中，工笔画是相对难的题材，有时一张画需要花两三个月，但是写意画只需要一两个小时就能创作一幅。上课是一方面，更主要是回家自己练习，只上课不练习就不会有效果。练习的方式通常是先用宣纸拓印，描绘，再上色，一遍遍直到满意为止。我们通常向老师买纸，老师提供的纸比琉璃厂的纸不仅好还便宜，一次买 100 张纸，两年都用不完。"（访谈记录 DBZ20180906）

杜班长还经常协助王老师教授工笔画技巧。"之前王老师看我教别人画画，他就说：'我还在这儿，你当老师？'我总是被批评。来学画之前不认识王老师，但我这人人缘好、自来熟。别人想找人，都是向我打听。我认为学画画是一个相互学习、相互帮助的过程，其他事则不需要过多操心。"（访谈记录 DBZ20181018）

案例 5-17：姬老师是街道书法和国画班的班长，58 岁。55 岁退休前为农科院教师，退休后一直参加街道的培训班，包括书法、绘画，还加入过街道的舞蹈队，书画班学员购买毛笔、拍摄教学视频等日常事宜均由姬班长负责。"我 2016 年过来时，还不是班长。但我爱张罗事情，乐意给大家服务，特别是班里其他成员多数年龄较大，上课秩序也比较混乱，C 老师忙不过来。我就主动协助 C 老师做些事情。C 老师建议我当班长，我也乐意为班级做好服务。"姬班长负责在课堂上拍摄老师的教学过程，并分享到课堂的微信群里。"（在微信群里分享上课拍录的视频）是从书法班开始的。大家觉得上课内容容易遗忘，通过录视频可以反复观看学习。街道服务管理者 C 老师建了一个书法班的微信群，分享课程视频。工笔画班、国画班也纷纷效仿，建立微信群交流，有了微信群后也方便老师发布通知、分享资料，促进老师和学员的互动，大家有了一个共同的学习平台。"（访谈记录 JLX20180801）

案例 5-18：经常协助姬班长拍摄视频的学员还有杨大姐。但是，两位"热心人"在服务初期也受到一些"委屈"，并不是一开始就得到了认可，同样服务参与者之间的关系也是在不断调适中发展。"刚开始录像时没有规则，谁都想上去试一下，上课秩序容易被扰乱。C 老师就指定专人录像，录完大家一起观看，既不影响上课又有助于课后回顾，而且大家都受益。姬班长最开始录像时，大家不理解、认为挡住了视线，纷纷表示反对，即便是蹲下录像，大家也觉得是为了个人。但是等大家看到录像效果，就没有人再反对了。下次开班如果再有人反对，会有人站出来解释录像是为了集体、不是出于私心。"有了"大家伙儿"的支持，在遭遇部分参与者的非正向评价时，两位协调者也能够保持平和的服务心态。"姬班长曾经是老师，自然有相应的素质和能力。以前我们在单位从事组织、人事方面工作，不需要别人推举，自然而然就会主动做一些事。比如拍摄教学过程需要抓住重点，学员们能看明白，也就愿意继续让你拍。如果拍摄模糊或者拍摄重点不突出，该拍照的地方没拍照，不该拍照的地方胡乱拍照，那大家可能就不乐意让你拍摄了。刚开始拍摄时，有人提反对意见，其他人站出来支持；假如没有人站出来表示支持，那就会感到被孤立。比如第一期课程，有人在群里说某人录音影响大家，群里其他人纷纷解释说人家不是为自己、是为了大家。我相信当事人心里肯定会很欣慰，感到被理解、被认可。整体上说，这个集体平台好、氛围好、人好，大家阳光积极，充满正能量。"（访谈记录YYF20180801）

无论是班长还是参与者中的积极分子，作为"协调者"的他们往往对服务管理起着促进作用。一方面，他们在协助处理服务过程中一些碎片化事项的同时，承担着协调服务管理者、中介者、提供者和参与者之间关系的角色；另一方面，他们拥有作为服务协调者和参与者的双重身份，这既加深了自身对社区服务的参与程度，也因此在服务协调及参与中收获更多的满足感。本研究的田野资料中，协调者总是参与者中的成员——即使协调者有时会遭遇案例中所描述的"被误解"情况，但此类矛盾往往无需外力介入即能很快消解，因而协调和参与的双重角色并存，并未给协调者本身带来明显的角色冲突。如若协调者并非参与者中的一员，协调者与参与者之间会否产生角色冲突，还需要相应的案例研究进一步论证。

第四节　小结

本章从治理的管理系统出发，分析了社区服务输送及其管理过程中的三个重要问题——激励机制、风险管控与伙伴关系调适。同时，本章从管理的层次视角切入，以人事、工具和组织作为分析维度，分别对应激励机制、风险调控及伙伴关系调适三个议题加以考察。

在激励机制层面，社区服务的管理系统或管理者对福利提供者的激励最为突出，具体包括体制激励、保健因素激励以及自然消退的激励方式。这些激励方式对于刺激福利供给和参与、化解服务过程中的冲突等，具有重要作用。

在对福利风险的管控方面，社区服务的管理系统对福利参与者的使用风险、福利传递者的输送风险以及福利协作者的准入风险等三个层面进行了重点治理，包括要求文化服务的参与者登记信息、提交报名表、活动签到、责任书签字、遵守培训要求等，要求上门巡视探访独居老人的服务传递者按制度要求拍摄照片、做记录并使用指定 App 上传，基层政府对合作的服务商采取一系列从准入到管理的程序，进而调控便民服务中可能出现的风险。社区服务供给中，风险管控手段的弹性问题，影响福利主体的态度和行为，也关系到作为服务的福利能否最终顺利送达。

最后，在福利关系的调适层面，福利管理者、提供者、参与者、中介者与协调者等，作为福利治理网络中的核心主体，通过大众传播、组织关联以及人际调节等传递与协调路径，彼此关联起来，进而实现服务治理网络的主体纳入、彼此关联与关系维系。这一调适过程，体现了公共部门引导与社会自我协调的互动关系，同时，通过不同主体间的对话形式，呈现了正式体系与非正式手段之间的良性互补。

需要说明的是，由于公共服务、志愿服务和便民服务的实践特征不同，而本章对三个议题的考察基于管理的层次视角而并非过程视角，因而在选取例证进行分析时，倾向于将社区服务输送实践看作一个整体，拣选最具有实践性并切合分析维度的案例，而无意基于社区服务体系的服务分类来考察管理层次，因此，三类服务并不能在最终的案例分析中占有完全相同的篇幅。亦即，本章提炼的要点，既是基于社区服务输送的整体实践，也能够对应到社区服务的个别实践中去，但不是每一类别的社区服务实践都具备本章所提出的全部治理要素。

第六章
福利效应考察:作为治理技术的社区服务

前文已经提及福利治理的双重含义。第一层含义是对作为要素的福利进行治理，这时，福利是治理的内容和对象，关注点集中于福利资源的管理、福利主体间的关系以及福利服务的输送制度和实践方式，以上问题通过第四章对福利治理中的资源系统及第五章对管理系统的考察得以呈现。福利治理的第二层重要含义，是作为治理技术的福利，即依托福利更好地实现治理。在这一层面，我们必须要考察福利治理的过程特征和实践效应问题，这对于福利体制改革和治理成效评估均有重要意义，尤其对于社区服务体系的建设目标而言，把握其作为福利治理技术的侧面，有助于我们基于社区服务的福利特征，从公共视角下做出有关其发展路径的判断。

第一节 服务组织层面——非协同效应

学者 Meyer 和 Roman 曾提出这样的命题：面对多元的制度环境和制度化组织的结构矛盾，那些正式结构和制度环境下的组织通常倾向采取"脱耦"（Decoupled）策略，由于在制度化的组织中采取密切协同的政策，只会使效率低下和不协调的记录公之于众，因而正式结构中的组织将回避整合过程，与其他组织及其活动间彼此"脱耦"，从而将可能的争端和冲突最小化，同时可以从更广泛的外部构成那里调动支持（Meyer et al. 1977）。在社会组织发展领域，中央政府提出的政策信号往往较为宏观、抽象，并将"灵活治理"的职责转交地方政府，但省、市级地方政府面临激励措施不足的问题，因而地方政府普遍缺乏采取强有力的制度整合跨部门协同治理的动力，不同部门利用各自的逻辑"技术主义"地发展社会组织的现象极为普遍（黄晓春等，2014）。在研究中我们发现，基层政府各部门之间虽然在职能上有较为清晰的划定，但在社区服务发展的具体实践上也会产生一定分歧。

案例6-1：B街道的舞蹈展演活动也有多年的发展基础，既刺激了社区社会组织的良性运作，也通过老年人服务老年人的形式丰富了社区服务的内容，但社区服务中心在引领此项服务发展的过程中，曾遭遇来自街道其他部门的"阻力"。"从2011年开始每年举办一次，2015年停办了，停办的原因是街道文教科建立了公共文化体系，文化活动日益丰富。由于文教科是街道文化活动的主管部门，再加上我们的活动与他们的活动有重叠，最后我们这边的活动就停止了。"（访谈记录CJ20180724）而同样是文教科组织的活动，却也出现了被看作是社区服务的情况，例如在对李奶奶进行社区服务参与的访谈时，她反复提及自己参与的楹联学习以及比赛活动，后来了解到该社团的管理及活动的组织均是由街道文教科负责的。"我们街道社区服务中心的管理人员特别好，尤其是C老师特别负责，办事有条理。我觉得他们工作不容易，所以能帮则帮。我也爱学习，工笔画、隶书、行书等各项学习我都积极参加，有时候在这个班上没有掌握好，我也会参加暑期的学生班，学生班从基本笔法开始教。最近我在ZZY社区（其他街道辖区内的社区）参加海淀区组织的书法比赛和楹联比赛，从不会写楹联到自己买书自学，我一直坚持学习，2017年比赛获得了三等奖。在报名参加比赛时，我得知HYJ（B街道内某国企单位）的楹联社经常组织活动，于是也报名参加了楹联社的活动，楹联社的学员基本都是八九十岁的老人，我虽然不是HYJ的退休员工，但是他们欢迎我参加活动。我坚持参加HXY楹联社的活动已经有三年多了。"（访谈记录LYF20180801）对于服务参与者，往往是服务的直接提供方或者像C女士这类常出现在服务现场的管理人员才有所了解，而其他服务组织者似乎与参与群体的距离要远一些，因而在参与者的概念中，社区居委会、街道或者院所等单位提供的此类相似形式的服务都是社区服务，具体则以自身所熟悉的部门或单位划分的。

而为了实现同一辖区不同行政社区间的共同发展，社会型社区有协同单位社区开展社区服务的想法。

案例 6-2：ZN 社区是辖区内典型的社会型社区之一，由于自身资源情况受限，虽然社区居委会能在服务的管理方法方面有所创新，但老年餐桌等项目由于需要充分的资源支持导致难以落地。"大院大所有更多丰富的资源可以与社区进行对接，作为社会型社区，这方面是我们的短板。对于社会型社区来讲，像老年餐桌问题，资源分布非常不平衡。我们这种社区不属于大院大所，周边相邻的、离我们最近的是财大社区，有没有可能由街道方面来解决资源的统筹，对于我们的居民来讲，可能更看重方便而不是省钱，大院大所餐饮方面肯定都享受一定的补贴，有没有可能就是邻近社区的老年人解决就餐问题的同时，他个人去承担应该承担的一部分。未来希望能在街道的支持下，把咱们现有的大院大所的优势、社会服务商的资源整合起来。有时候我想在我们社区做一个巡展，包括不同服务商的优势服务项目，让老百姓知道只要花钱、只要愿意都能买到，而且可以货比三家。"（访谈记录ZNZR20180831）

虽然有关政策文件在社区服务体系的建设过程中，不断提倡多元主体的供给方式，例如，《国务院办公厅关于印发社区服务体系建设规划（2011—2015 年）的通知》中提出要完善社区服务的体制机制，强调"政府部门之间协调、政府与社区之间协作、社区组织之间的互动"，并在社区服务体制机制创新部分，提出应"健全社区服务组织、理顺职责权限及相互关系"。但除了包括公共部门、社会、市场等主体之间的协作之外，各主体内部协同作用的发挥，例如，政府内部各部门之间的协作、社区层面的单位社区与社会型社区之间的对接等，对于福利治理成效有着重要影响，却往往在研究中被忽视。不同治理层级间的非协同效应，必然影响社区居委会或者街道办事处作为社区服务资源系统的对接情况，进而对社区服务的生产与输送过程造成阻碍作用。如何在治理层级与资源系统对应的基础上，进一步将层级和系统内部的协同作用统一起来，是社区服务实践向政策改革提出的挑战。

第二节　服务生产层面——规模效应

当社区资源经过配置、拓展、整合及运用，经由资源良性生产而形成的社区服务，即能够实现一定范围的辐射。并且，随着资源配置的优化、范围的拓展以及利用效率等方面的提升，社区服务亦能够产生一定的规模效应，进一步拓展服务的辐射范围。

尽管街道层面作为一个整体的社区系统，不同社区居委会的辖区作为社区系统的一部分，彼此间资源起点不同，可供社区服务生产的资源基数也存在差异。但由于服务生产具有一定的规模效应，越来越多的社区居委会愿意加入与街道的服务协作关系中，这从社区服务的整体层面上讲，能够促进内部系统的均衡发展。

案例6-3：B街道的社区理发队由辖区范围内各个社区的居民组成，于2015年成立，在一个社区定点服务，到2018年10月已将服务范围拓展到辖区内7个社区，截至2019年8月，进一步拓展到13个社区（其中一个社区刚刚起步，开展过一次服务活动），服务形式为每月固定时间街道理发队进社区，在社区居委会提供的指定地点，为老年居民提供免费理发活动。每个社区的具体日期安排不同，例如：每月5号在DLS和LB社区，每月6号在ZX社区，每月第一个星期三在DWY社区，每月8号在TY社区，每月12号在NK社区，每月16号在JDJY社区，每月18号在ZN社区，每月21号在ZD社区，每月26号在GTY社区，每月28号在ZJM社区，每月29号在SSH社区，NNM社区的时间安排待定。作为广受辖区居民认可和欢迎的义务理发项目，其服务人数和落地社区数量仍在扩展中。而在发展之初，社区理发也是一个短期项目，"理发活动刚开始发起于DLS社区，最初是为了响应'学雷锋'活动号召，每年组织一次。但是活动效果不好，每次都是找一群人发传单、按摩、理发、修鞋等，两小时就结束了，没什么意义。"直至2015年，这项服务才成为一项持续性的日常服务项目。"自2015年起，区政府给每个街道发了5个理发推子，我们找了李大姐等四五个人成立了理发队,每月一次固定在DLS给大家理发,这种方式基本解决了多数能够自由行动老人的理发问题。这项工作从无到有,一点点慢慢做,目前一次能够帮70多个人理发,社区服务中心工作人员也帮忙组织。我认为从长远角度看,服务老人首先要考虑就近原则,以社区为单位面向邻近的老人。后续我们逐渐联系其他社区推广,先是DWY社区,然后是ZX社区,每个月基本是理发队队长李大姐过去。"理发的志愿服务人员储备对于这项服务的发展至关重要,但和众多社区服务项目一样,社区理发队的志愿服务群体也具有一定的流动特征。"理发队刚成立时,我们通过附近两个居委会物色理发队员。会理发的李大姐就在LB社区居委会,同事通过社区党员活动等慢慢找人,一些人是主动要求加入的。前几年还有年轻人参与,但由于工作事情多,就慢慢退出了。给老年人理发不需要复杂的技术,一些队员技术还是很不错的。在没有成立理发队时,一名姓高的队员给周边社区活动不方便的老人上门理发。书法班的一位老师也主动加入理发队伍,他在部队当兵时学过理发,技术很好。"但志愿服务人员储备的扩充,也是进一步拓展服务规模的突破口。"目前理发队总共8个人,创立初期有5人,中途有两人离开。有当过理发师的年轻人路过那里,会搭把手、帮个忙,这种行为都是值得肯定的。我们理发队人数太少了,如果队伍壮大,还可以多服务其他社区。"(访谈记录CJ20181024B)

前文也已提及,相比服务资源更加丰富的单位型社区,社会型社区与街道间的联系更为紧密,一般在街道主导的社区服务中具有一定的优先性。从截至2018年义务社区理发服务覆盖的社区来看,先期开展的社区包括DLS、LB、ZX、DWY、JDJY、ZN、ZJM等,基本都属于社会型社区,而2019年新加入的6个社区中,纳入了NK和TY两个典型的大院型社区。尽管现有社区居委会服务分布的规模结构,与居委会性质及其发展意愿、服务条件及服务资源承载力等作用因素均有一定相关,但此类社区服务的拓展,实际是公共部门的协调支持与社会志愿服务资源合力,促进社区服务系统资源的二次分配。这种从街道层级——作为社区服务资源整体系统——出发的规模性资源调配，也在一定程度上改善了诸如不同社区间资源分布不均的情况，例如有相应社区服务发展需求的社会型、区域规模较小型或非试点类社区居委会，都可以结合自身作为子系统的资源条件，从街道的整体系统承接福利资源，开展福利服务项目。

第三节　服务瞄准层面——选择效应

在社区服务的分配与输送过程中，一个突出的特征是选择性，例如，街道对服务商和服务开展社区的选择、社区对志愿服务人员和服务对象的选择、服务参与者对服务项目的选择等。无论具体选择路径或偏好如何，这种选择效应最终都会对服务的瞄准问题产生影响。

案例 6-4：2018 年 B 街道组织的重阳庆生服务项目首次举办，作为街道文化系列服务之一，共安排了 5 场活动，由街道的京剧队分别为 5 个社区的老人表演传统京剧戏曲，服务的主题是为社区 80 岁以上的老人集体庆生。在街道工作的第三方社工表示："重阳庆生活动都安排在 10 月，我们称之为敬老月。这两天由于社区在忙于准备上级单位的检查，人手不够，所以切蛋糕、分糖果、打扫卫生都是我们做。这项活动面向 DLS 社区的老人，社区居委会只负责发通知，第三方（HZ 义工机构）具体负责买物资。街道社区服务中心的文化养老项目都承包给他们。如果 80 岁以上的老年人数量不够，就放宽到 70 岁乃至 60 岁。街道将活动通知下发到社区，由社区召集辖区居民，今年选的是五个舞台大、积极配合的社区（ZD、DWY、DLS、NK 和 TY 社区），计划在 6 年内覆盖街道所有 31 个社区。"虽然街道方面会尽量使服务的覆盖面更广、开展社区的选择上更均衡，但受活动规模、场地条件和居委会配合度等因素影响，在实际推行中，全面覆盖还是一个理想的情况。而由于社区居委会对服务对象群体也有一定的选择性，因而在实际服务群体和预设的目标群体间难免出现偏差。"不是所有老人都被通知来参加活动，上次在 ZD 社区，他说有七八十个人参加，实际没有那么多人。那天正好还安排了一个面向退休老党员的党建群团活动，于是七八十岁的退休老党员就被社区组织来参与这项活动。现场同时挂了两个活动的标语和旗帜，后来又有另外一项涉及合唱团的活动，总人数也就 40 多人。DWY 社区也说有七八十人，实际只有 44 个人。"（访谈记录 LXM20181024）

"社区配合"与"不配合"的行为方式，自然也影响街道层面主导的社区服务向下覆盖的选择性，谈到某些社区的"不配合"，街道的服务管理者具体讲道："TY 居委会在这方面做得不好，街道义工理发队是 2019 年开始每月固定时间在社区开展义务理发活动。TY 社区居委会只派协管员去现场帮忙组织，9 点开始到 11 点结束。上一次活动来理发的人多，五六个理发师忙不过来，再加上天气热，理发师没有水喝。一些老人看着觉得不好意思，找居委会要了些水。ZJM 社区最早开展这项活动，居委会比较重视，几名工作人员现场提前组织报名发号、维持秩序。前天 NK 社区也开展了一次这样的活动，NK 有 3 名工作人员在旁边扫扫头发、帮帮忙。"（访谈记录 CJ20190815）

社区内的服务商与社区居委会这一社区服务子系统有时也会发生合作关系，作为街道辖区内最主要的合作服务商之一，其主要项目负责人在访谈中介绍道："我们跟社区居委会合作（的活动），主题多数跟我们专业的健康管理相关，我们在社区培训的都是老人居家安全、老人用药安全、紧急救助、中医养生等内容。我们会和每个社区沟通，了解社区的需求，但是社区社工组织的活动更多是插花、编手串等，各有侧重。社会工作也具有专业性，我们之前也学过、做过。"但由于服务商的合作协议是与基层政府即街道办事处一级签署，并且通常是与政府合作开展服务项目，因而与社区居委会的关系更多是通过居委会了解居民服务需求，以便自身能够更好地对接客户群体，"居委会主要发挥监督管理作用，他们会反馈老人相关信息，特别是个性化服务内容，双方也经常共同组织社区活动。现在驿站工作人员和社区干部关系很熟，沟通融洽。我们最初是想联系社区在适老化改造、党建活动等方面给予帮助，比如在入户、向老人宣传等方面，可以说社区居委会干部给予了大力支持。我们和物业管理部门以及业主委员会（没有成立业主委员会，由居委会楼门长管理）联系较少，主要是通过社区居委会开展工作。"（访谈记录LG20190815）

由此可见，社区居委会承担着多主体（公共部门及市场主体）、多类型服务（公共服务、志愿服务及便民利民服务）与服务使用者之间的"中介"角色。居委会在社区服务的宣传与组织过程中，承担着将服务目标群体与实际参与群体对应的角色，并且由于基层政府预设的服务群体并不总是能够对应到每一个社区子系统的实际人口分布情况，因而需要居委会依据各自社区内部的情况自行调节。

案例6-5：养老企业联系街道社区服务中心以文化服务形式（现场讲解品尝美食）宣传养老项目，社区服务中心选择DWY等5个社区承接此次服务活动，提前确定了参与人数。同行到居委会场地参加活动的一对老夫妇，都是DWY社区的居民，被问及如何得知活动消息，他们谈道："是社区组织的，但并没有在群里发通知，如果发了通知，参与人数不好控制，可能会更多了。""每当开展活动，居委会都在微信群里通知，现在社区开展的活动很多。只要经常参加社区的活动，下次有活动时社区就会主动联系。"（访谈记录DWY20180824A和DWY20180824B）

案例6-6：两位结伴过来的新学员在工笔画开课时间找了过来，跟在场的王老师和其他学员交谈起来，学员3："你学了多长时间？"学员1："我画了半年，三、四月份来的。"学员3："你怎么知道这个课程的？"学员1："我在居委会知道的。"学员3："咱们原来不知道，要知道早就过来了。"王老师："您住哪儿啊？"学员3和同伴学员4："（辖区内某条）路那边，街道办事处对面。"学员4："我们那儿的居委会也没有通知，我是上次在这儿开会，发了个小本，小本上面有B街道的好人好事儿（栏目），那上面有个照片，照片上面有一个老师（即王老师），说是他在教画画，我就去找居委会，居委会才帮我联系的。"（访谈记录GBXY20180823C）

由此可见，社区服务信息不对称的产生，一定程度上受居委会的"服务瞄准"方式影响，包括瞄准的效率和公平性等因素。除了服务管理者和中介者，参与者对服务也有自身的选择。志愿服务的提供方式、服务者个人风格以及服务地点等因素影响服务参与者的选择。

案例 6-7：跟着王老师工笔画课堂学习的杜班长不住在 B 街道辖区内，在离得不远的海淀区内其他社区居住，也是由于授课方式问题，虽然所在社区有类似的课程，但比较之下还是选择距离更远的 B 街道这边的课程。"我家所在的社区也有教书法、绘画的班，但是我去了两次就不去了。那个班的老师不讲课，学生在教室自己画画，老师也在画画。"（访谈记录 DBZ20181024）

案例 6-8：辖区内的李奶奶是 JD 社区居民，也是 JD（大学院校）家属，81 岁，是街道范围内比较活跃的书画爱好者，经常参与辖区内街道、社区等组织的文化比赛并获奖。参加过多种文化课程的她，面对不同的社区服务类型有其自身的选择性。"我在 SY 社区王老师办的班里跟着学。JD 社区也有老师教，但老师的风格我不喜欢。没跟王老师在街道开的班学习是因为距离 SY 社区更近而且人少，街道这边人变多了。我画不了大尺寸画，都是小尺寸画。我将画完的作品装裱好后，参加 JD 社区书画展，同时还创作了一幅书法作品参加街道的活动。"（访谈记录 LYF20181024）

居委会的中介角色与其在基层服务下沉过程中对服务群体的选择作用叠加，使社区居委会在服务治理的过程中具有对服务对象瞄准的自由裁量权，这种选择关系将在一定程度上决定社区服务瞄准的精确度。当然，服务参与者绝不只是"被选择"的对象——他们是服务项目的选择者，在信息对称的情况下，能够建立与社区服务间的双向选择关系。这时，准确考量社区居委会在服务瞄准层面的角色，将影响社区服务输送的整体性和服务面向的公正性。如何将社区居委会的"中介"力量引入促进信息对称的发展中，并使此类福利自由裁量关系适度发展且不失合法性，是基层福利政策改革需要进一步反思的。

第四节　服务使用层面——同群效应

邻里交往是社区社会组织影响公共事务参与的基础，是社团充分发挥促进公共事务参与作用的前提，没有邻里交往的情况下，参与社团甚至是积极参与社团都不能显著促进居民的公共事务参与（杨宝等，2019）。通过对书画课堂的追踪访谈发现，此类课堂虽然参与者较多，以亲友、邻里、同事结伴等方式来参加的人数较多，尤其是初次参加的社区居民大多是通过个人的社会关系网络得知消息。

案例 6-9：付奶奶和葛奶奶两位老人一直互相陪伴着出现在书画课堂上。付奶奶 80 岁，葛奶奶 81 岁，两位老人都是 GY 社区居民，退休前是 GY（B 街道辖区内某国企单位）不同部门的职工，1980 年就认识了。两位老人的丈夫于前几年都去世了，之后付奶奶和女儿同住，葛奶奶独自居住。付奶奶 1978 年从山东调到北京，老伴 1979 年查出癌症，直至 2015 年老伴去世，付奶奶一个人扛起整个家的生活。"我老伴生病时，孩子刚上小学，我一个人扛下了家里的所有家务活。第一期培训班时我来过这里，认识了 C 老师，但后来因为需要照看家人就没有来上课。老伴后来离世，身边亲人也去世了 5 人，自己的心情跌到了谷底。我的耳朵和眼睛不太好，是老伴病危时着急落下的病根。"认识付奶奶的街道工作人员和其他学员都说，当时付奶奶精神状态很差，开口讲话就会流泪，而从 2017 年开始参加街道的书法和国画课以后，付奶奶坦言道："我从痛苦中解脱出来了。"她具体说道："老伴刚走那段时间，我的心情非常差，葛奶奶就来安慰我，喊我一起学画画。课堂上，C 老师和同学都非常照顾我，慢慢地，我就从痛苦中解脱出来了。大家觉得我像变了一个人。参加了这个培训班，思想上有了寄托，上完课回来总琢磨如何画，时间打发得特别快。而且大家建了微信群，互相沟通交流，学了不少知识。C 老师也很负责，同学之间相互帮忙，我感受到了亲情和关爱，不再孤独。"付奶奶把这个班推荐给了老邻居、老同事，自己也和邻居同事约着一起参加其他的活动。"我通过老同事刘奶奶得知有这样一个培训班,于是叫上葛奶奶一起参加。我原先在人事处工作,认识的人多,告诉了其他朋友来参加。我认为这个班办得很成功,原因一是街道管理人员认真负责、组织得好,二是充分利用互联网交流,拉近感情。我的另外一群朋友还喊我参加GY社区组织的合唱团。"(访谈记录FY20180806)虽然付奶奶认为是葛奶奶帮助她一起来学书画,葛奶奶则认为自己受付奶奶的影响更多:"她以前心情经常不好,自从参加了写字、画画班后,心情变得舒畅了。课后我们经常一起练习,我基础不好,她就帮忙指点。"两位老人相伴学习也得到家人的支持,葛奶奶谈道:"我们现在天天在家里练习,家人也大力支持、给予鼓励,时常买一些书画材料。他们也不放心我们整天待在家里,我们出来学习,家人会放心些。"(访谈记录GZP20180806)

虽然,初次参与者从服务使用层面上看具有同群的特征,但随着对社区服务的参与度加深,参与者的社交圈会进一步拓展,新的"群体"又会产生。

案例6-10:杨大姐是国企退休人员,60岁,在四道口附近居住。虽然不属于B街道辖区,但相距较近,所以杨大姐参加了B街道的书法班、国画班以及工笔画班。最早她参加B街道民族舞舞蹈队,后来逐渐了解到B街道的其他社区服务项目。"退休后和朋友们一起跳舞,在这个屋子里跳过,当时墙上贴有工笔画招生的海报,我喜欢画画就报名了。后来又开了书法班,同时也参加了书法班。我参加的是第三期书法班,到目前已参加了两期。""通过参加这些社区服务活动,结识了一些志同道合的朋友。因为这些共同的爱好,认识了新朋友,拓展了社交面。除了每个课堂建立的大微信群外,我们部分人还会建一个小群,平常互相交流点评。"(访谈记录YYF20180801)

最开始通过家里亲戚介绍参加书法班的姬班长也在这个"小群"里,"我参加了第二期书法班。因为退休后需要找些事情做,看到街道贴出的通知,就报名参加了。我对书画有兴趣,但是没有基础。"姬班长在这里结识了越来越多"志同道合"的新朋友,并结成了新的"小圈子",她补充道:"我们小部分人建了一个微信群,互相点评工笔画、国画、书法等好作品,互相交流经验。加入了这个小群，经过相互交流，能力就能得到很大提高。但是如果在包括所有人的大群里发信息，可能会有人觉得烦。"（访谈记录JLX20180801）

既有的社区服务病弱者导向、政府或市场的消费者导向，是把社区人群视为单一的、个体化的居住者，即居住于此的居民，均背离了社区作为社群的存在意义；而发展现代社区服务，应明确以公民培育为导向，即应视社区服务为促进和提升群体性的公民人格的过程，努力推动居民认同互助互惠、志愿、团结、参与、公共价值和关怀、公民责任和担当，在社区服务中实现公民学习和训练（陈建胜等，2013）。从社区服务的整体视野来看，不断有个体和群体的服务参与者加入进来，新的个体和群体也会在服务使用过程中动态生成。虽然同群效应是社区服务的一种福利效应，但这种效应具有一定的整体性，能够促进福利服务的发展。

对于个体参与者而言，除了作为物质和服务的福利形式，这种"同群"的自我感受成为促进个体参与的动力，也是维系个体融入此类"福利群体"生产与再生产过程的情感纽带。从该视角看，同群效应也许可以成为补充物质和服务的——第三种福利形式，是能够联结个体与整体情感的一种具有动态特征的福利方式。

第五节　小结

本章基于社区服务在组织、生产、瞄准和使用层面的实践特征，考察了作为治理技术的社区服务的福利效应，同时也进一步从经验层面阐发了作为治理技术的福利的内涵。

首先，通过社区服务的跟踪式调查并对治理主体的访谈进行案例分析发现，社区服务在组织层面存在不同层次的非协同现象，包括在基层政府部门间的非协作现象，以及到基层自治层面的单位社区与社会型社区之间的难对接处境等，而这种隐藏在福利主体内部的协作关系关乎福利治理的实践及其成效。

其次，在服务生产方面，随着福利资源的积累，社区服务将拥有更加充足的资源供给以应对自身规模化生产的需求，而规模化的社区服务生产，对于扩大服务覆盖面积、提升服务的辐射范围具有重要影响，决定着社区服务能否由服务资源的子系统（通常为社区居委会层面）向其他子系统拓展（辐射周边居委会辖区），并进而实现整体系统（通常为街道层面）的全覆盖，持续稳定的资源供给也将保证社区服务再生产进程的顺利完成。

再次，在服务瞄准层面，由于在服务生产与使用环节中间，往往需要经过分配与输送的过程，这一过程最突出的特性即为选择性，包括福利治理相关主体间的选择关系，而在此瞄准环节，对于拥有相对自由裁量权的服务对象主体的选择行为，将关系到社区服务瞄准的精确度，亦即服务中介主体的选择将在一定程度上决定实际服务群体和预设目标群体间是否出现偏差。

最后，在服务使用层面，从服务参与者的群体特征来看，以个人社会关系网络得知或结伴参加服务的情况居多，尤以初次参加者更为常见，参与者在服务使用层面具有显著的同群特征。但随着参与度加深，新的"群体"和个体又会产生，使社区服务从整体上呈现兼顾动态性与稳定性的同群化特点，而同群效应作为社区服务的一种福利效应，也因此具有一定整体化的联结作用，促进福利服务参与秩序的生成与维持。

第七章
研究成果与政策建议

本书基于既有的国内外研究成果，提出了福利治理的分析框架，并将其应用到中国社区服务的研究议题当中。研究聚焦社区服务的生产与输送过程，将城市街道辖区作为社区服务资源的整体系统，从福利治理的双重内涵——分别作为治理要素和技术的福利——出发，在考察社区服务的资源和管理系统的基础上，对作为治理技术的社区服务的福利效应也一并进行了考察。总体而言，研究关注了中国地方福利治理问题，立足于过往研究中可能会忽视的微观视野，以社区服务的实践经验，阐发微观和中观的福利治理问题。

在研究路径上，本文通过对北京市城市基层管理服务体制改革中的先行地区——B街道进行田野考察，从本土情境、资源利用、输送实践和治理效应等多个维度，深入描写了中国社区服务的主要形态和总体样貌。本书在结构上依照福利治理的研究框架展开，但如果从政策体系及发展目标来把握本文的研究路径，那么本书则是以案例研究的形式，阐发了中国社区服务发展的三个侧面，包括基本公共服务向下覆盖的难题、志愿服务有效组织的路径以及便民利民服务资源的开发困境。这三类服务在形态和发展水平等方面，均存在较大差异，相应的田野资料比重也并不相似。因而，本文试图在可把控的资料范围内，呈现上述三类服务的核心发展情况，但受田野环境和资料分布所限，较难以政策研究的视角全面铺开，详尽剖析其中的细微差别。

最后，由于本研究所处的时间节点，恰好是考察城市社区服务发展成果的最佳阶段，只有充分把握目前城市社区服务的实践经验和发展难题，才能够为下一步农村社区服务体系建设提供有意义的结论参考。而至于本文提出的福利治理分析框架，能否同样适用于考察乡村社区服务的发展，还需拓展到乡村场景，以验证框架的有效性。

第一节 初步结论

从 B 街道社区服务的整体状况来看，它作为城市基层社会的一个缩影，以实践案例的形式，反映了城市社区服务体系建设的全貌。通过十几年的社区服务发展进程，B 街道在达成"公共服务、便民利民服务、志愿服务"的社区服务体系政策目标的基础上，收获了良好的公众认可及社会反馈。本文以此作为经验资料，展开对中国社区服务发展过程的分析。

由前文所述，本研究的初步结论可概述如下：第一，社区服务的发展伴随着特定的制度环境、社会基础及文化诱因；福利政策、福利结构以及福利资源等三个维度的历时发展特征，构成中国社区服务发展与输送的本土福利情境。中国社区服务政策发展经历了概念提出、路径探索、结构均衡、体系包容的总体发展路径，但并非现有研究所阐述的分段式、首尾接续的 4 个时段，而是前后关联、重叠式推进的关系，并且近年来的发展呈现明显的阶段性特征，体现为筑基、定向和并行。社会福利结构的转型和社区社会组织的发展对社区服务发展影响深远：中国的社会结构经历了由单位组织向社区治理的转型，城市福利的供给模式也由单位供给向社会供给转变，社区服务本身也受社区治理碎片化等困境影响；社区社会组织作为基层社会服务的内生力量，它的良性发展对于社区服务的生产有着重要的驱动作用。

第二，社区服务生产与再生产的过程，就是将福利资源配置、拓展、整合和运用的过程。这一过程中不同阶段的特征，直接构成中国社区服务体系建设的"四步走"路径：即中国社区服务基于差异化的资源子系统，进而将社区资源福利化，再进一步将社区服务项目化，最终实现社区服务体系政策目标的四个主要阶段。然而，在对社区服务资源系统的治理过程中，也出现一些值得讨论的问题：首先，由于资源分布不均、使用断层与分配叠加等具体配置模式，致使社区居委会层面作为社区服务资源的子系统，在福利资源配置这一基础环节，就已产生差异化的结构性特征；其次，既有社区服务政策，在与资源系统的对应瞄准上，出现了一定偏差，并因此产生了一定不利影响；最后，在资源运用阶段，对应"公共服务、便民利民服务、志愿服务"的政策目标本身，由于三类服务相互交织、特征各异，因而在各自的再生产过程中面临存续问题。

第三，福利输送及其管理过程是一个静态体系与动态应对的过程。对福利提供方的分类激励、对福利参与方的风险管控以及不同福利主体的网络维系过程中，伴随着体制化的约束与动态化的协调机制。首先，福利管理过程中的激励手段，对于刺激福利供给和参与、化解服务过程中的冲突等，发挥着重要作用。其次，社区服务供给中，风险管控手段的弹性问题，影响福利主体的态度和行为，也关系到福利输送能否顺利实现。最后，福利主体关系的调适过程，体现了公共部门引导与社会自我协调的互动关系，同时，通过不同主体间的对话形式，呈现了正式体系与非正式手段之间的良性互补。

第四，基于福利治理的第二层内涵——作为治理技术的福利，社区服务在治理资源及管理系统的运作中，形成不同的福利效应。其在组织、生产、瞄准和使用层面具有的不同实践特征，使其在不同阶段分别产生了非协同、规模、选择以及同群效应。首先，社区服务在组织层面存在不同层次的非协同现象，包括在基层政府部门间、基层自治组织的单位社区与社会社区间等，这种系统内部的非协作关乎福利治理的实践及其成效。其次，规模化的服务生产方式，决定着社区服务能否由服务资源的子系统（通常为社区居委会层面）向其他子系统拓展（辐射周边居委会辖区），并进而实现整体系统（通常为街道层面）的全覆盖。再次，福利治理相关主体间的选择关系，一定程度上决定了社区服务瞄准的精确度，亦即服务中介主体的选择将在一定程度上决定实际服务群体和预设目标群体间是否出现偏差。最后，参与者在服务使用层面具有显著的同群特征，随着参与程度加深，新的"群体"和个体又会产生，这种兼顾动态性与稳定性的同群效应，具有整体化的福利联结作用，有利于促进福利服务参与秩序的生成与维持。

第二节 相关讨论

7.2.1 发展动力：福利吸纳是一种双向需求

学者李迎生等（2017）指出，福利治理可具体指涉国家（政府或其他主体）借助福利政策、福利资源和福利计划进行社会治理的实践过程，这一意义的福利治理实质是国家（社会）治理体系对福利要素的结构性吸纳，其根本目的是维护社会的稳定或常态化运行，福利作为政府推进治理的工具、资源或手段。然而，本文的田野资料表明，该定义下的"治理吸纳福利"实则不只是对福利要素的直接吸纳，而且是将特定治理结构下的其他要素或资源"福利化"从而实现"治理吸纳"，因而上述定义虽然高度概括，但仍存在修正的可能。

对国家与社会关系的探讨，既是福利国家反思福利政策问题时的主要落脚点，也是西方福利治理理论形成的重要路径。国内在政社关系研究中先后占据主流的话语，诸如控制、吸纳、监管、监护、嵌入等概念，一方面，简要地概括了中国国家与社会关系发展格局中的主要变迁，而另一方面，造成了社会这个分析主体在一定程度上的"不在场"。社会，包括社会组织、社会资源、社会中的个体等构成要素在内，在上述核心概念的视野中，没能成为真正意义上的、在研究中能够被赋予平等地位的、独立且完整的分析对象。有学者通过考察社区社会组织的发展实践，就此提出了"双向嵌入"的概念，即社会组织在资源、合法性、制度支持方面嵌入于国家，而国家的意志与目标亦嵌入在社会组织的运作中，进而实现国家与社会的"双向赋权"（纪莺莺，2017）。此观点在研究视野上，一定程度上实现了对既有论点的超越，并且该研究结合了地方性实践案例，呈现了社区社会组织超越"公共服务递送者"的角色侧面。然而，社区社会组织内在的自组织结构与价值倾向仍没有很好地反映出来，但这些属性作为"社会"层面的重要构成，往往影响着国家—社会的互动关系。

笔者在田野调查中发现，草根文艺骨干在社区服务供给中往往呈现出服务他人的积极诉求，服务对象也具有寻求参与社区服务的需求和主动性，因而本文认为至少在以下两个层面，既有研究还存在对话空间。首先，在社区服务领域，国家与社会的主体关系是"双向嵌入"还是"双向吸纳"？本书认为，福利吸纳是一种双向需求，国家为主体的福利治理与吸纳过程将社会资源福利化，进而将其纳入治理体系中；社会主体作为有着积极诉求的实践者与行动者，为了自身发展而寻求国家的正式及非正式的支持，然而这种发展需求的出发点和落脚点并不是，或者说并不总是为了将自身"嵌入"国家治理的体系中；而往往只是借由国家的资源支持以更好地实现自身发展，这在社区服务的义工或志愿服务方面，包括由社区社会组织等提供的服务，体现得尤为明显。因而，本文认为"双向吸纳"的观点，至少在社区服务的福利治理层面，相较于既有研究的"双向嵌入"和"双向赋权"等概念，更贴合当下社区服务实践呈现的主要面貌。其次，作为有着积极诉求的社会主体，何以吸纳他者的治理资源？既然国家与社会都是重要的治理主体，那么社会主体在吸纳国家资源用于自身发展时，仅有诉求并不能实现吸纳目标，还需要结构、关系及行动的对应与联结。例如，街道马头琴义工组织在其发展阶段，其成员借由个人关系，积极联络，寻求街道或辖区单位在服务场地方面的支持等，充分证明其发展诉求引导下的行动，经由社会结构与关系网络的支持，最终使其能够吸纳其他主体资源进而参与到福利治理过程中。

7.2.2 形态"杂糅"：服务定位存在双层结构

中国的社区服务与西方的社会服务、社区照顾等概念并不相同，目前中国社区服务的发展是融合了公共、社会及市场化资源，从而形成初具规模并渐成体系的基层区域化的福利服务供给模式。在对既有社区服务研究的回顾中可以看到，学者们对社区服务界定问题的讨论由来已久且有增无减，研究强调"福利性""公益性"等基本属性，但又缺乏对性质边界的有力阐述，诸如对社区福利性服务与公益性服务的界定缺乏统一的认识。这使得对社区服务的属性探讨虽然集中，却仍然缺乏理论论证与经验支持。另一种划分趋向是依据不同主体形式来定义不同的社区服务，例如公共服务（政府），商业服务（市场）以及社会服务（社区或个人）。而田野调研显示，单一主体的力量很难实现服务发展，多主体混合甚至多主体主导的情况占多数。另外，假设按主体类型对服务进行划分，能够发现公共服务、商业服务往往是基于公共部门行政任务的完成，尽管有其他主体参与，但主动参与程度有限，例如以居家养老服务为代表的公共服务，以及以"菜篮子"工程为代表的商业服务，均面临着项目周期短、工作流程单一、难以考查受益群体和实际效用等情况。因而，基于主体差异或外在属性划分服务类别，可能不是一个适宜的选择，本书也将研究重点放在对服务本身的考察上，尤其是对长期发展的、范围广泛的、社会参与度高的广义的福利服务形态，以及多个主体间的关系与福利服务发展和输送情况等做了针对性的考察。

既然对社区服务的界定问题缺乏理论依据，同时又面临难以和实践衔接的尴尬处境，那么究竟应该从哪个层次出发对社区服务进行界定，是服务的生产与传递的层面，还是作为表象与形式的层面？从福利治理的视角探讨社区服务的属性，实际上将多数国内研究所界定的、纯福利性质的、主要由政府和社会提供的社区服务以及其他一些有偿的市场化便民服务等都囊括在内。在该视角下，对社区服务的形态及属性的讨论，不再如以往研究那样停留在概念划分层面，而是首先挖掘社区服务的生产与组织路径，之后将社区服务的属性问题看作是对社区资源的福利化基础上，经过生产与传递的过程后的表象层面。不可否认的是，社区服务的属性问题是一个重要问题，但不应该构成社区服务的主要问题，尤其是在对社区服务的生产与输送过程缺乏基本认识的情境下，贸然划分社区服务的边界，可能会加深研究理论与实践层面的脱节。

在此基础上，本文提出，中国社区服务在发展定位上存在双层结构：从表面上看，以城市街道辖区为整体资源系统而构建的社区服务体系，基本建成了与政策目标相适应的，由公共服务、便民利民服务和志愿服务共同构成的服务体系，并且形成了社会福利治理过程中的多元主体协作模式。但深入考察这种服务的定位，便会发现其中包含着黄宗智先生所讲的概念——"表达性现实"与"客观性现实"两个层面（Huang，1995）。由政策体系建构的社区服务发展目标在很大程度上表现为一种"表达性现实"；而实际上，在社区服务的直接管理者、提供者和参与群体的认知中，社区服务是一种项目化的福利，且这些"福利项目"的形态通常是碎片化的，可能具体表现为某类文化活动、某项生活或养老服务或者是商家与政府合作提供的某种日常服务，而这一层面才是社区服务发展的"客观性现实"。社区服务这种双层定位结构在实践中并不突出，甚至被许多研究忽视，这是由于当前两层结构间尚未发生明显偏差。在政策话语和基层政府的引导下，现有的社区服务实践具有明显的项目属性，并且实践内容并未脱离政策框架，这就使其基本不会与政策表达相偏离。因此，这种双层结构虽然不总是具有内部一致性，但是因项目属性等作用要素的维系，使得双层结构具有动态稳定性。而无论是从"表达"层面——三重服务构成的社区服务体系，还是从"客观"层面——项目化的福利来剖析社区服务的构成，对社区服务的概念和实践定位都应进一步摆脱属性划分的研究陷阱，以更广阔的视野来解释这种"杂糅"的形态。

7.2.3 生产困境：治理层级与资源系统错位

中国的社区服务发展，与基层治理及福利社会化的难题交织在一起。20世纪90年代以来，中国城市社区建设经历了两轮改革，分别确立了"两级政府、三级管理"的体制，推出了"政社分离与合作"的局部试验，经过改革，城市基层行政组织普遍增权，社区社会组织获得有限增权；总体来看，除了部分区域出现"项目制"合作治理的积极趋向，城市社区距离治理理想仍有差距，形成了治理事务向街道办事处和居委会挤压的"沙漏型"治理结构和"代理型治理"的逻辑（吴晓林，2015a）。

无论何种类型的社区服务，实际上都是要实现社区范围内既有或预期资源的良性生产，譬如，社区居委会和街道在志愿服务项目的发展中，分别起到初次整合和二次整合的作用，而社区文化资源因此实现了自身的生产与再生产。同时，无论社区服务在资源配置、拓展、整合以及运用阶段形成了怎样的外在形态，从资源的本质属性上看，社区服务生产的资源基础始终与政策环境、社会结构和补充资源相互关联。这种资源生产过程，依赖社区资源的自发秩序基础，同时也离不开外部干预的介入。源于社区资源自发秩序的形成，多种服务得以创立与开展，尤其是社区社会组织的多种形态，例如京剧队、舞蹈联盟等；同时，广泛的群众基础也促进自发秩序的形成，例如书画、戏曲、养生爱好者等。而外部干预力量的引导，尤其是公共部门对服务及服务者的扶持，例如提供场地、基本器材或一些资金支持，提升了服务的品质，激励了服务者与服务对象的参与，更重要的是从社区服务资源的整体系统出发，对子系统的资源治理给予扶持，进而实现服务的可持续发展。

然而，这种由整体系统向子系统调控资源的治理方式，有时会面临挑战。从治理的资源视角来看，在社区服务的生产与再生产过程中，中国社区服务的基层治理层级与资源系统存在错位现象。中国在社区服务体系的建设过程中，着重强调"社区综合服务设施"的建设（通常包括社区服务站、街道社区服务中心和市、区级服务中心，具体可参见第三章政策文本引用部分），这在政策着眼的落脚点上，可以理解为统筹区（市）、街道以及社区居委会等三级服务资源。而街道社区服务中心作为三者中的枢纽，作为社区服务资源的整体系统，在资源利用阶段缺乏关键的治理职能。简言之，社区服务政策设定的治理层级核心应该是街道，政策瞄准的资源系统却是社区居委会。无论是不同社区所具有的历史资源基础，或是便民利民服务等政策的开展要求，都并没有从街道这一社区服务资源的整体系统出发，而是着眼于社区服务资源的子系统——社区居委会这一资源层级。例如，单位与社区资源的对接，都是由单位和社区居委会进行一对一衔接，社会型社区的资源基础与单位型社区因此而产生资源配置的断层；具体到社会化的福利政策，例如"菜篮子"的便民利民服务，则通常将社区居委会作为产出单位。以一体化的目标衡量差异化的资源系统，一方面造成了基层社会福利政策执行僵化、缺乏弹性，另一方面也加深了社区治理的碎片化程度。本书认为，对应社区服务资源系统的治理需求，应该考虑将社区服务的核心治理层级落在街道办事处；正是由于政策着眼点通常直接对应到社区居委会这一资源系统，使得街道难以实现完整的治理职能，尤其在便民利民服务以及部分公共服务的领域。

7.2.4 供给过程：分工模式与"社区不在场"

在福利服务的生产与供给中，由于政府不是全部服务的生产者，而社会组织、企业、公民等作为服务"潜在供给"的主体，呈现出分散性的特征，较难实现服务的长期持续性发展。此外，由于"潜在"服务供给主体受服务成本等因素的影响，难以做到准确识别服务对象的异质化需求，且服务的过程和效果需要外部监督管理和反馈收集。一个受到认同的解决方案是实现服务的复合供给，具体指在公共服务的供给参与方之间进行两次分工：第一次分工是将服务规划者与生产者分离，第二次分工是整合社会组织、企业和公民等服务资源来生产服务；两次分工的实现关键在于"服务生产者"角色的出现，它既可以直接满足服务对象的需求，也可以进一步分工，组织其他服务资源的生产间接满足服务需求，除了资源整合与服务生产，还可以协助服务规划者（主要是政府）对服务过程进行监督管理（郁建兴等，2009）。

将公共服务供给的复合模型应用到社区服务层面，另有学者提出了这样一种预设：社区社会组织的草根化、微型化将推动体制外的整合性社区社会组织的诞生，即在政府与一般性社区社会组织之间再出现一种专门性组织，这个组织对于微型的社区社会组织来讲具有枢纽性质，相当于一个信息和整合平台，并通过这个平台来扶持、协调、监管和评估一般性社区社会组织，从而产生社区公共服务的二次分工模式，在这种模式下，社区居委会作为行政事务主体将从基层公共服务的供给和生产中剥离出来，社区公共服务的治理主体将主要涵盖政府、整合性社区社会组织、一般性社区社会组织以及社区服务的消费者（吴素雄等，2015）。尽管这是学者基于社区社会组织及政府公共服务供给现状提出的一种理想模型，尚难以套用或解释社区服务发展的普遍现实，但从目前社区居委会在社区服务生产中的角色，可以窥见此类假设的合理性。社区居委会在既有社区服务资源的生产、分配中，有时作为基层政府与社区居民间的一环（因为基层政府也常直接面向居民，不通过社区），有时作为国有企事业单位职工的一环（与其后勤部门联系紧密），均起到了一定的中介作用。2006年出台的《国务院关于加强和改进社区服务工作的意见》中指出，社区居委会在社区服务中的具体作用包括："协助城市基层政府提供社区公共服务、组织社区成员开展自助和互助服务、为发展社区服务提供便利条件"等。尽管社区服务资源的发展与输送效果，会因社区居委会的"中介力"不同而产生差异，但在社区服务尤其是公共服务的生产环节中，社区居委会的职责范围则稍显模糊。尽管如前文所述，作为社区服务资源的子系统，居委会常常成为政策的瞄准对象，但本研究认为社区居委会在社区服务供给分工中的角色值得探讨，并且认为相对于既有的服务管理者、提供者、协作者、参与者、传递者、协调者等其他类型角色，社区居委会或者社区工作者更多承担了社区服务的"中介者"角色。

在社区服务发展的当下，除了公共类以及市场化社区服务（诸如养老服务、宜居改造、"菜篮子"建设等）项目的外包，社区社会组织的登记、孵化、培育，以及一些文化类、生活类社区服务的筹办与管理，也被交给民办非企业的社会组织来运营，甚至从社区居委会层面来看，居委会自身发展的服务活动也通常是在政府资金支持下，交由第三方筹办具体服务。尽管这些外包服务的承办方可能并不像二次分工模式下的整合性组织那样，是一个全面的功能集合，但这些承办方在社区服务实践中发挥的作用的确有超越社区居委会的发展趋势，尤其是在社会型社区的服务范畴内。由于单位型社区具有较好的政治、经济以及社会资源，能够依托单位机构与公共部门、社区服务的消费者以及社区社会组织等建立有效的关联,"单位"在社区服务的治理主体关系中扮演了"整合性社区社会组织"的功能。相比之下,一般的社会型社区很难具备独立筹办和管理社区服务的能力,往往是协助服务宣传和参与者选定,以及为社区服务提供服务场地等,主要在福利输送的层面发挥作用,对服务的生产与再生产影响较小。

那么,社区居委会能否成为此类具有枢纽性质的集信息、整合、生产与监管职能于一体的组织或者平台呢?从目前的发展状况来看,由于城市社区居委会普遍承接了来自不同公共部门的多元且碎片化的行政性事务,因而,尽管在信息和监管方面具有优势,但社区居委会很难进一步兼顾资源整合与公共服务生产的职能。由此,重新审视社区居委会在社区服务体系中的角色,进一步确定社区服务的边界可能成为此议题下的新问题。社区服务生产,尤其是公共服务生产中的"社区不在场",是否仅仅停留在学术预设层面,它是一个阶段性趋势还是长期发展态势?抑或是在"社区减负"的改革背景下,缓慢褪去行政色彩的社区能否拾起服务自治的职能,似乎还都是经验性的命题,需要留待未来实践的检验。此外,对社区服务的界定如果不以社区居委会的自治区域或街道办事处的行政区划为边界,我们如何更好地解释"区域性"的范围、厘清社区服务概念的内涵与外延,并更好地实现概念与实践之间的对接,还需要后续研究的跟进。

第三节 拓展问题

本书将中国社区服务的发展及输送作为研究主体,从福利治理的视角主要考察了社区服务发展的历史轨迹、生产过程、输送实践以及治理效应方面的议题。然此框架能否适用于福利发展领域的宏大叙事需要进一步探讨,研究结论要想拓展到宏观层面也还需要更多的经验依据。由于研究基于特定的分析框架展开,并受一定的文章篇幅所限,难以将与社区服务相关的其他议题涵括在内。并且，中国基层治理在发展过程中逐步呈现出碎片化和内卷化的态势，这使得与社区服务关联的其他问题也存在一定的碎片化特征。因而，本文从社区社会组织形态、专业社会工作嵌入以及公众参与社会治理这三方面来进一步延展对社区服务的相关探讨，以期引发一些有价值的学术研究思路。

  该主题研究在以下领域还有拓展空间。第一，微观及中观层面的史料缺乏，使历时性分析成为研究难点。尽管B街道较早设立了社区服务中心科室，并且在服务开展领域有着良好的资源基础，但在2004—2009年，由于处于科室成立早期，服务活动开展较为零散，同时也缺乏系统化的工作记录。2009—2014年，中心科室有了一定的文字记录留存，主要针对公共及志愿服务开展过程中，包括组织和个人在内的参与群体的报名表等信息资料。2014年至今，在原有资料基础上，增加了服务通知、活动照片、服务报道等内容。由于不同时间跨度内，资料分布不均，因而难以开展细化的历时性分析。第二，对社区服务资源的子系统——社区居委会的考察有待进一步拓展。近年来，社区工作者对"外人"的"进入"比较敏感，为笔者考察社区资源的子系统场域带来实际困难。为解决此问题，笔者一方面委托街道工作人员，将他们熟悉的、所负责"片区"的居委会主任"介绍"给自己，为面对面访谈的开展提供了可能；另一方面，笔者通过对社区工作者在街道部门的会议发言进行逐一记录，并在会议间歇期间随机对他们进行访谈，因此，对居委会发展社区服务的现实困难及核心问题积累了更多认识。第三，乡村社区的服务开展情况，需要后续研究挖掘。本书将城市社区作为社区服务发展研究的主要对象，既考虑到社区服务的实际开展情况，也是基于政策发展阶段。"十二五"期间是城市社区服务的迅速发展时期，而"十三五"阶段开始提出城乡社区服务体系的建设问题。基于此，本书认为现有阶段是考察城市社区服务发展成果的最佳时期，而下一阶段则可将更多考察重点放到乡村场域。

7.3.1 社区服务中的社区社会组织为何独特

社区社会组织不仅在学术研究中被关注较少，在政策领域的实践中也处于边缘化地位。然而，它与基层群众的社会文化生活有着最为直接的相关性，也对当前中国社区服务尤其是文化生活类社区服务的生产与再生产，起着至关重要的作用。进一步分辨社区社会组织与社会组织、非政府组织等概念的异同，对我们理解社区社会组织的性质以及探讨政策领域的制度设定有启发意义。

此外，对于社区社会组织的形态问题，一个普遍认同的观点是，在社会组织的社会性基础上，社区社会组织兼具更强的在地性及持续性。然而，通过上述研究还可以发现，社区社会组织相比一般的社会组织具有更强的动态性，具体体现在以下几个方面：

社区社会组织的结构特征趋于模糊性。通常，一个社会组织具有较为规范的组织架构和明确的运行条例，而社区社会组织尽管其领导层相对固定，但作为主体的参与群体具有较强流动性，在组织的运行管理上也较为松散，尽管基层政府试图通过组织登记、人员签到以及报名要求等制度手段来限定社区社会组织的多变性，但从制度应对过程中的非严密性，包括信息登记不完全、人员签到自愿性、报名要求非强制等，也可看出社区社会组织模糊性结构的一些端倪。

而这种形态特征也直接促成了它另一方面的动态特点：组织再生性。社区社会组织的发展具有自发性和内生性，尽管其在人员组织方面具有一定流动性，但也正是由于这一特性，使其在组织构成方面具有非常强的可变性和灵活性，换句话说，相对固定的少数甚至唯一的核心领导群体是社区社会组织具有内生性的核心力量，也是使其在其他社会场域中能够再生的决定性因素。街道从社区、辖区单位、民间文艺团体等多个路径引入核心的文化领军人，进而重构起更为广泛的文化服务项目，均为社区社会组织的再生性提供了鲜活的例证。

社区社会组织具有项目可适性。社区社会组织的组织再生特点，使其能够更好地适应不同的社会服务场域，包括在社区内部和外部的活跃程度，进而发挥其在福利服务领域的重要作用，此为可适性特征中的适应性方面。此外，社区社会组织可以经由公共部门的引导、公共资源的扶持，以实现其自身的良性发展和转型升级，例如，文艺团体在街道辖区内巡演时招募参与者保证组织持续发展的人员储备等，能够佐证其可适性的另一层含义——可塑性。

7.3.2 专业社工如何"嵌入"社区服务场域

从中国社区服务的发展来看，项目实践的政策依据的变化具有动态性，且目前在政策评估方面，对于社区服务周期和持续性问题的关注尚有不足。因而，基于制度导向，同自生自发的社会力量一道，使得目前参与社区服务建设的群体，既涵盖了民间志愿者及义工人士等非专业群体，同时也通过政社合作的方式，将不少专业社会工作者纳入社区服务的发展场域当中。对于城乡社区服务的供给，《城乡社区服务体系建设规划（2016—2020年）》提出了"城乡社区公共服务均等化、便民利民服务便捷化、志愿服务和专业服务常态化"的建设目标。

有学者指出，专业社会工作在中国的本土化过程中，呈现嵌入性的发展路径，并且随着国内改革的深入和社会转型的加深，社会工作将走向政府—专业合作下的深度嵌入（王思斌，2011）。这种嵌入性，是从专业社会工作的发展空间来定义的，而在社区服务的发展场域中，可以理解为专业服务的发展空间。在社区服务的整体格局中，专业工作（者）作为经营主体存在于便民利民服务商中，作为第三方协作者存在于公共服务和志愿服务中。而本文的田野资料表明，在社区服务场域下，专业社会工作与传统的非专业性、行政性社会工作，并非一种单纯的嵌入关系。

"嵌入"的概念最早由波兰尼在《大转型：我们时代的政治与经济起源》中提出，并为后来的学者广泛使用。这一概念在初始阶段即用来解释复杂的经济与社会关系，即"经济并不是自足的，它是从属于政治、宗教和社会关系的"（波兰尼，2007：15）。虽然学者在此概念体系的后续发展过程中，将概念的内涵进一步确切化，但"嵌入"一词内含着一种先后及优先次序。然而，尤其是在便民利民服务等新的发展场域中，即便预设公共部门优先于私人部门，但在先后次序上，市场则具有发展便民利民服务的先天优势。因而，在这样一种特殊的场域下，专业社会工作与传统社会工作格局，至少不完全是谁嵌入谁的问题，而更多是基于社区资源的统筹过程。对专业社会工作在社区服务场域的进入问题，也应进一步分类讨论"嵌入性"是否适用的问题。专业组织或社工个体能够成为社区服务发展中，除服务管理者、提供者、参与者、协调者、中介者、传递者六类角色外的第七类角色——协作者角色，也应结合"嵌入"问题做关联性讨论。

7.3.3 社区服务可否成为公众参与基层治理的新路径

田野资料证实了这样一种现象，当草根文艺骨干这一个体或群体获得制度、社会、文化等资源时，能够实现福利服务的自发生产过程，例如工笔画课堂在社区居委会的发展阶段。而这一获取资源的过程在福利吸纳中的定位，对治理结构又会产生何种影响；为了维持社会秩序、实现对社会资源的有效治理，获取资源的主体是否存在优先序问题等，都是"社会"这一主体下需要进一步探析的问题。政府承担着"元治理"的角色与责任，但随着网络、合伙组织以及其他经济和政治治理模式的扩大，政府最好也不过是同辈中的长者（杰索普，2004：80）。社区社会组织、民间组织、社会团体等概念下的"社会"与将福利作为治理技术的"国家"，作为二元主体共同存在于社会福利治理这样一个议题下，那么国家与社会的具体形态、构成要素及其结构属性，都值得后续研究进一步拓展。

是否仅有公共部门能够吸纳社会资源用作福利手段，进而实现社会稳定和善治呢？在考察社会福利的国家治理与社区服务的社会生产问题方面，作为治理技术的福利的主体性及其优先序问题值得进一步探讨。本研究的田野调查发现，社区服务实际成为居民参与基层社会治理的一条隐性路径。之所以称为隐性，主要缘于既有研究对此治理路径的关注不足。从既有研究对居民参与社区治理的类型划分来看，有学者以有无公共议题和是否参与决策过程作为特征将其区分为强制性参与、引导性参与、自发性参与和计划性参与四种类型（杨敏，2007）。社区服务作为基层社会中，能够广泛调动居民参与的一种福利治理模式，使参与的公众群体也在这一治理过程中，成为福利主体，并共享社区服务带来的福利效应。加强对核心公共价值观的保护的一种方法是培养一种公共服务的精神或道德规范来管理所有从事政府工作的人，而不仅仅是公务员（Guttman，2015）。社会工作需要兼顾"个体主义"与"整体主义"两种价值取向（文军，2008），它肩负着个人治疗与社会变革的双重使命，并且社会变革的倡导者简·亚当斯认为，在社会福利领域，这两种方法都有生存的空间（李伟，2018）。如果说，作为治理要素的福利仍需要更多地关注个体的服务需求，那么作为治理技术的福利所蕴含的则更多是一种整体主义的导向，公共部门如何在治理过程中合理地吸纳社会资源，从而依托福利手段改善社会整体的秩序，从这一层面看，福利治理更应该坚持个人与社会兼顾的双重价值取向。对于福利服务与社会治理研究之间日益多元化的关联路径，还需要后续研究的进一步挖掘和论证。

第四节　政策建议

基于研究对社区服务发展及输送现状的把握，为了进一步贴近国家建设城乡社区服务体系的宏观理念，本书以社区服务领域的现实发展问题为分析契机，以问题为导向提出以下有针对性的政策建议。

7.4.1 维持政策结构的均衡包容态势，加强社区社会组织的基层培育

进入21世纪以来，尤其是2006年至2021年的15年中，三个五年计划期间的四个主要社区服务类政策，分阶段确立并指引了中国社区服务发展的逐步成型，最终促成了具有中国特色的真正面向基层群众的社区福利服务体系的建成。因而，要想稳步推进社区服务体系的立体发展，促进基本公共服务、志愿服务和便民利民服务相互衔接的社区服务体系进一步走向成熟，首先应该维持中国社区服务主要政策结构呈现出的均衡包容的特征，提高服务供给的总体水平，丰富社区服务的具体供给方式，发展更加多元的社区服务形态，实现更广泛、更均等化的服务供给结构。

此外，要更加充分地认识社会资源的发展情况，努力在社会治理中更广泛地动员民间力量，引导社区自治组织、社会力量参与到社区服务建设的过程中，加强对城乡社区服务类社会组织的扶持力度，尤其注重对社区社会组织的培育，要建立对基层服务管理者和直接供给者的多元激励机制，以社区服务工作者的"点"带动广大基层群众的"面"，促进服务精神和公共价值在基层社会的进一步传播，提升义工和志愿者群体的身份魅力，吸引更多的群众主动参与到志愿服务的队伍中来，进而促进自发性的志愿服务的可持续发展。

7.4.2 改善治理层级的资源对应问题，及时疏导资源系统的治理疑难

现有政策已经注意到厘清社区服务发展过程中的权责关系问题，并强调要进一步健全包括政府部门之间的协调、政府与社区之间的协作以及社区组织之间的互动等多重机制。在此基础上公共部门仍值得注意的是，社区服务体系的建立不仅是一个多元主体参与的过程，更是一个福利治理的过程，要

重视对社区服务资源的配置、拓展、整合和运用过程，尤其是及时了解公共服务及便民服务领域政策的可适性，灵活解决小部分客观条件受限、自我化解能力不足的对象在政策落地之前存在的疑难问题。在这一视角下，多主体间的伙伴关系退居次要位置，首要矛盾是多主体与资源利用之间的关系问题，如果资源短缺或者资源治理能力匮乏，那么政策落地面临的最大难题将是服务资源的"收支困境"，而并非治理主体间的伙伴关系。

简言之，一般情况下，在社区服务的治理实践中，资源问题先于主体关系，并且客观上看，解决资源供需矛盾比协调治理主体关系的难度更高。因而，公共政策在制定过程中要更加注重社区服务资源问题，社区服务政策设定的治理层级核心是街道，那么政策瞄准的资源系统也相应地应该从街道这一社区服务资源的整体系统出发，进而实现治理层级与资源系统的对应。而只有从资源的整体系统出发，真正掌握资源信息，了解资源分布，在资源相对均等的情况下，传递到服务对象的社区服务才更有可能实现相对公平。

7.4.3 推进服务人员的正向激励举措，引导目标群体的风险自我规避

基层政府部门仍要设立一定的风险规避举措，同时，可以进一步引导服务参与群体建立自发的风险规避机制。例如，在社区服务的文化领域，社区社会组织会有自己的组织规则和领导人员，文化社团或者义工主导的文化服务也会设立一些显性或隐性的服务参与规范，包括基层政府部门组织的公共文化服务培训项目，除了"培训要求"，培训老师往往也会提及一些更为柔性的"课程要求"或者与课程相关的建议，以上这些非正式的规则，均有助于维持服务的正常秩序。

此外，要进一步完善文化服务中的"协调者"机制。如公共文化培训班和义工课堂等人员参与众多的服务活动，往往会由基层政府的服务管理者指定一个负责协调日常事宜的人，即"班长"。班长通常是在活动中表现活跃，并且获得较高群众认可度的服务参与者。通过引导班长群体及时疏导服务运

行中的问题并获取服务参与群体的反馈，能够提升风险规避的效果，同时进一步带动公共服务精神的树立并促进公共价值的传播。

7.4.4 建立社区服务的职能整合机制，协调公共部门的服务体系共建

如果以公共部门的治理视角来看，目前的社区服务体系建设情况从总体上，已经基本形成了包含公共服务、志愿服务、便民利民服务的三种主要服务形态，良好的服务发展水平也使服务参与群体，对这种公共部门主导、多方参与的社区服务形态树立了正向的认知。目前的政策趋势是鼓励基层公共服务向社区居民、群众延伸，因而，基层政府的相关部门均乐于组织筹办一些面向基层群众的服务活动，但由于政府机构的职能设置难以完全划分，有时会产生公共服务种类重叠的情况，这一方面容易造成资源浪费的情况，另一方面也对服务参与群体理解社区服务造成了一定困扰。

为了进一步加强三类服务形态之间的彼此衔接，提升社区服务的供给效率，需要加快政府部门对社区服务职能的整合，不同部门之间对公共服务覆盖社区的事宜要进一步沟通协调，提高公共服务资源的利用效率，进而汇集多方力量参与到服务体系的共建中来。从公共机构设置方面，明确不同部门对社区服务发展的权责关系，以社区服务机构为主，整合其他部门相似的服务职能，在必要时加强部门间的协作共建关系，共同推动社区服务体系的进一步完善。

参考文献

[1] 白云. 以居委会为基层单位开展社区服务 [N]. 人民日报，1987-09-22(04).
[2] 鲍勃·杰索普. 治理的兴起及其失败的风险：以经济发展为例的论述 [M]// 俞可平. 治理与善治. 北京：社会科学文献出版社，2004.
[3] 布尔迪厄，华康德. 反思社会学导引 [J]. 李猛，李康，译. 北京：商务印书馆，2015.
[4] 陈建胜，毛丹. 论社区服务的公民导向 [J]. 浙江社会科学，2013（5）：83-88，94，159.
[5] 陈朋. 权责失衡的社区治理——基于上海市的实证分析 [J]. 国家行政学院学报，2015（5）：74-78.
[6] 陈伟东，舒晓虎. 城市社区服务的复合模式——苏州工业园区邻里中心模式的经验研究 [J]. 河南大学学报（哲学社会科学版），2014，54（1）：55-61.
[7] 陈雅丽. 国外社区服务相关研究综述 [J]. 云南行政学院学报，2007，9（4）：173-176.
[8] 陈雅丽. 城市社区服务供给体系及问题解析——以福利多元主义理论为视角 [J]. 理论导刊，2010（2）：13-15.
[9] 陈振明. 评西方的"新公共管理"范式 [J]. 中国社会科学，2000（6）：73-82.
[10] 邓正来，丁轶. 监护型控制逻辑下的有效治理——对近三十年国家社团管理政策演变的考察 [J]. 学术界，2012（3）：5-26，257-265.
[11] 丁元竹. 社区与社区建设：理论、实践与方向 [J]. 学习与实践，2007(1)：16-27，1.
[12] 方亚琴，申会霞. 社区社会组织在社区治理中的作用 [J]. 城市问题，2019（3）：77-83.
[13] 斐迪南·滕尼斯. 共同体与社会 [M]. 林荣远，译. 北京：商务印书馆，1999.
[14] 冯钢. 论社会组织的社会稳定功能——兼论"社会复合主体" [J]. 浙江社会科学，2012（1）：66-73.
[15] 高灵芝. 当前中国城市社区服务的基本定位与发展走向 [J]. 甘肃社会科学，2004

（3）：111-114.

[16] 葛道顺．中国社会组织发展：从社会主体到国家意识——公民社会组织发展及其对意识形态构建的影响[J]．江苏社会科学，2011（3）：19-28．

[17] 葛天任．社区碎片化与社区治理[D]．北京：清华大学，2014．

[18] 耿云．我国城市社区社会组织的发展困境及其对策[J]．云南行政学院学报，2013，15（6）：102-104．

[19] 顾丽梅．新公共服务理论及其对我国公共服务改革之启示[J]．南京社会科学，2005（1）：38-45．

[20] 关信平，张丹．论我国社区服务的福利性及其资源调动途径[J]．中国社会工作，1997（6）：38-39．

[21] 关信平．社会组织在社会管理中的建设路径[J]．人民论坛，2011（11）：24-28．

[22] 郭安．关于社区服务的涵义、功能和现有问题及对策[J]．中国劳动关系学院学报，2011，25（2）：92-97．

[23] 韩央迪．英美社区服务的发展模式及对我国的启示[J]．理论与改革，2010（3）：24-29．

[24] 韩央迪．从福利多元主义到福利治理：福利改革的路径演化[J]．国外社会科学，2012（2）：42-49．

[25] 何欣峰．社区社会组织有效参与基层社会治理的途径分析[J]．中国行政管理，2014（12）：68-70．

[26] 侯岩．中国城市社区服务体系建设研究报告[M]．北京：中国经济出版社，2009．

[27] 黄家亮．论社区服务中国家、市场与社会的互构——以北京市96156社区服务模式为例[J]．北京社会科学，2012（3）：41-46．

[28] 黄家亮，郑杭生．社会资源配置模式变迁与社区服务发展新趋势——基于北京市社区服务实践探索的分析[J]．社会主义研究，2012（3）：70-74．

[29] 黄荣贵，桂勇．集体性社会资本对社区参与的影响——基于多层次数据的分析[J]．社会，2011，31（6）：1-21．

[30] 黄晓春，嵇欣．非协同治理与策略性应对——社会组织自主性研究的一个理论框架[J]．社会学研究，2014（6）：98-123．

[31] 尼尔·吉尔伯特，保罗·泰瑞尔．社会福利政策导论[M]．黄晨熹，周烨，刘红，译．上海：华东理工大学出版社，2003．

[32] 纪莺莺．从"双向嵌入"到"双向赋权"：以N市社区社会组织为例——兼论当代中国国家与社会关系的重构[J]．浙江学刊，2017（1）：49-56．

[33] 贾丽萍．社区服务的理性选择：福利性与经营性的统一——以长春东站十委为个案分析[D]．长春：吉林大学，2004．

[34] 江立华．论我国城市社区福利的建设及运作机制[J]．江汉论坛，2003（10）：108-111．

[35] 江立华，沈洁. 中国城市社区福利[M]. 北京：社会科学文献出版社，2008.
[36] 金炳彻. 从机构福利到社区福利——对国外社会福利服务去机构化实践的考察[J]. 中国人民大学学报，2013，27（2）：27-33.
[37] 井敏. 国内服务型政府研究的四种角度[J]. 新视野，2006（3）：38-40.
[38] 景天魁. 福利社会学[M]. 北京：北京师范大学出版社，2010.
[39] 景天魁. 在社会服务体制、机制的改革与创新中发展非营利组织[J]. 教学与研究，2012，47（8）：6-12.
[40] 敬义嘉. 控制与赋权：中国政府的社会组织发展策略[J]. 学海，2016（1）：22-33.
[41] 卡尔·波兰尼. 大转型：我们时代的政治与经济起源[M]. 冯钢，刘阳，译. 杭州：浙江人民出版社，2007.
[42] 康晓光，韩恒. 分类控制：当前中国大陆国家与社会关系研究[J]. 社会学研究，2005，1（6）：73-89.
[43] 康晓光，韩恒. 行政吸纳社会——当前中国大陆国家与社会关系再研究[J]. Social Sciences in China，2007（2）：116-128.
[44] 雷浩伟，廖秀健. 中国服务型政府建设研究综述与展望[J]. 西部经济管理论坛，2019，30（3）：26-35.
[45] 雷雨若. 20世纪90年代以来西方福利治理的特点、政府角色变化及实践困境——基于文献的梳理[J]. 当代中国政治研究报告，2018（00）：73-90.
[46] 李斌. 国家对于社会的"组织化"管理及其历史变迁——基于中国经验的考察[J]. 理论与改革，2010（4）：12-16.
[47] 李春. 我国城市社区公共服务模式的发展历程与启示[J]. 理论导刊，2013（2）：26-28.
[48] 李怀，赵万里. 从经济人到制度人——基于人类行为与社会治理模式多样性的思考[J]. 学术界，2015（1）：11-30.
[49] 李强，葛天任. 社区的碎片化——Y市社区建设与城市社会治理的实证研究[J]. 学术界，2013（12）：40-50.
[50] 李庆. 恩派孵化招募——2018年北京市社会组织孵化招募令[EB/OL]. [2018-2-24]. http：//www.gongyishibao.com/html/gongyizixun/13437.html.
[51] 李伟. 社会工作何以走向"去社会变革化"？基于美国百年社会工作史的分析[J]. 社会，2018，38（04）：100-132.
[52] 李雪萍，曹朝龙. 社区社会组织与社区公共空间的生产[J]. 城市问题，2013（6）：85-89.
[53] 李岩，范永忠. 大院社区治理：社区演变模式与治理类型学——基于北京市三类大院社区的比较案例研究[J]. 北京行政学院学报，2017（3）：108-115.
[54] 李迎生. 对中国城市社区服务发展方向的思考[J]. 河北学刊，2009（1）：134-138.
[55] 李迎生，李泉然，袁小平. 福利治理、政策执行与社会政策目标定位——基于N村

低保的考察 [J]. 社会学研究, 2017（6）：44-69.

[56] 林南. 社会资本：关于社会结构与行动的理论 [M]. 上海：上海人民出版社, 2005.

[57] 刘春湘, 邱松伟, 陈业勤. 社会组织参与社区公共服务的现实困境与策略选择 [J]. 中州学刊, 2011（2）：106-110.

[58] 刘继同. 从身份社区到生活社区：中国社区福利模式的战略转变 [J]. 浙江社会科学, 2003（6）：85-90.

[59] 刘杰. 从行政主导到福利治理：社区服务的范式演变及其未来走向 [J]. 新视野, 2016（5）：92-97.

[60] 刘鹏. 从分类控制走向嵌入型监管：地方政府社会组织管理政策创新 [J]. 中国人民大学学报, 2011, 25（5）：91-99.

[61] 刘艳艳. 需求导向的社区服务发展新定位 [J]. 南京工程学院学报（社会科学版）, 2010, 10（2）：14-16.

[62] 刘振国. 中国社会组织的治理创新——基于地方政府实践的分析 [J]. 经济社会体制比较, 2010（3）：137-144.

[63] 楼苏萍. 地方治理的能力挑战：治理能力的分析框架及其关键要素 [J]. 中国行政管理, 2010,（9）：97-100.

[64] 路风. 单位：一种特殊的社会组织形式 [J]. 中国社会科学, 1989（1）：71-88.

[65] 卢建. 浅析北京市社区社会组织现状及有关发展对策与建议 [J]. 社团管理研究, 2011（11）：8-11.

[66] 卢磊, 黄小娟. 我国社区社会组织发展的基本议题、发展现状和趋势探讨 [J]. 中国社会组织, 2019（9）：54-57.

[67] 罗伯特·B. 登哈特. 公共组织理论 [M]. 北京：中国人民大学出版社, 2009.

[68] 马庆钰. 关于"公共服务"的解读 [J]. 中国行政管理, 2005（02）：78-82.

[69] 闵学勤. 转型时期居委会的社区权力及声望研究 [J]. 社会, 2009, 29（6）：22-38.

[70] 闵学勤. 社区的社会如何可能——基于中国五城市社区的再研究 [J]. 江苏社会科学, 2014（6）：14-23.

[71] 欧文·E. 休斯. 公共管理导论（第二版）[M]. 彭和平, 周明德, 译. 北京：中国人民大学出版社, 2001.

[72] 彭华民. 福利三角：一个社会政策分析的范式 [J]. 社会学研究, 2006（4）：157-168, 245.

[73] 彭华民. 论需要为本的中国社会福利转型的目标定位 [J]. 南开学报（哲学社会科学版）, 2010（4）：52-60.

[74] 彭华民. 创新福利治理 完善福利制度 [J]. 社会建设, 2016（3）：3-3.

[75] 钱宁. 多方参与的社会治理创新：发展社会福利的新路径 [J]. 山东社会科学, 2014（9）：73-77.

[76] 单菁菁. 社区情感与社区建设 [M]. 北京：社会科学文献出版社, 2005.

[77] 沈岿. 谁还在行使权力：准政府组织个案研究[M]. 北京：清华大学出版社，2003.
[78] 史云贵. 当前我国城市社区治理的现状、问题与若干思考[J]. 上海行政学院学报，2013，14（2）：88-97.
[79] 孙炳耀. 社区异质化：一个单位大院的变迁及其启示[J]. 南京社会科学，2012（09）：49-54.
[80] 孙锋，王峰. 城市社区治理能力：分析框架与产生过程[J]. 中国行政管理，2019（02）：53-59.
[81] 孙健. 我国社区服务存在的问题及对策研究[J]. 云南行政学院学报，2009，11（2）：92-94.
[82] 孙嫱. 政策执行与村落应对：甘肃省Z镇的农村低保制度实践[J]. 宁夏社会科学，2016（3）：149-154.
[83] 孙琼如. 农村文化福利资本与文化福利治理[J]. 理论与改革，2013，12（2）：107-113.
[84] 唐文玉. 行政吸纳服务——中国大陆国家与社会关系的一种新诠释[J]. 公共管理学报，2010，7（1）：13-19，123-124.
[85] 唐忠新. 社区服务思路与方法[M]. 北京：机械工业出版社，2003.
[86] 唐忠新. 迈向和谐社会的社区服务[M]. 北京：中国社会出版社，2005.
[87] 田毅鹏，董家臣. 找回社区服务的"社会性"[J]. 探索与争鸣，2015（11）：70-74.
[88] 田毅鹏，薛文龙. 城市管理"网格化"模式与社区自治关系刍议[J]. 学海，2012（3）：24-30.
[89] 童星，赵夕荣. "社区"及其相关概念辨析[J]. 南京大学学报（哲学·人文科学·社会科学），2006，43（2）：67-74.
[90] 涂尔干. 社会分工论[M]. 渠敬东，译. 北京：生活·读书·新知三联书店，2017.
[91] 王才章，李梦伟. 基于社会服务项目的儿童福利资源整合[J]. 当代青年研究，2016（5）：61-66.
[92] 王凤彬，李东. 管理学（第四版）[M]. 北京：中国人民大学出版社，2011.
[93] 汪锦军. 嵌入与自治：社会治理中的政社关系再平衡[J]. 中国行政管理，2016（2）：70-76.
[94] 王丽莉，田凯. 新公共服务：对新公共管理的批判与超越[J]. 中国人民大学学报，2004，18（5）：104-110.
[95] 王美琴，李学迎. 城市住房体制改革与传统单位社区的底层化[J]. 山东社会科学，2011（4）：80-85.
[96] 王名. 社会组织与社会治理[M]. 北京：社会科学文献出版社，2014.
[97] 王名，贾西津. 中国NGO的发展分析[J]. 管理世界，2002（8）：30-43.
[98] 王名，李妍焱，冈室美惠子. 中国的NPO[M]. 东京：第一书林，2002.
[99] 王名，孙伟林. 我国社会组织发展的趋势和特点[J]. 中国非营利评论，2010（1）：

1-23.

[100] 王铭铭. 局部作为整体——从一个案例看社区研究的视野拓展 [J]. 社会学研究, 2016（4）：98-120.

[101] 王浦劬. 国家治理、政府治理和社会治理的基本含义及其相互关系辨析 [J]. 社会学评论, 2014, 2（3）：12-20.

[102] 王骚, 王达梅. 公共政策视角下的政府能力建设 [J]. 政治学研究, 2006（4）：67-76.

[103] 王思斌. 我国城市社区福利服务的弱可获得性及其发展 [J]. 吉林大学社会科学学报, 2009（1）：133-139.

[104] 王思斌. 中国社会工作的嵌入性发展 [J]. 社会科学战线, 2011（2）：206-222.

[105] 王思斌. 社会工作概论（第三版）[M]. 北京：高等教育出版社, 2015.

[106] 韦克难. 我国城市社区福利服务弱可获得性的实证分析——以成都市为例 [J]. 社会科学研究, 2013（1）：102-107.

[107] 魏永征. 关于组织传播 [J]. 新闻大学, 1997（3）：31-34.

[108] 温家宝. 提高认识统一思想牢固树立和认真落实科学发展观——在省部级主要领导干部"树立和落实科学发展观"专题研究班结业式上的讲话（摘要）[J]. 中华人民共和国国务院公报, 2004（12）：4-6.

[109] 文军. 个体主义还是整体主义：社会工作核心价值观及其反思 [J]. 社会科学, 2008（05）：69-73.

[110] 翁士洪. 从补缺式模式到定制式模式：非营利组织参与公共服务供给体制的战略转型 [J]. 行政论坛, 2017（5）：30-37.

[111] 翁士洪. 改革开放 40 年中国公共服务供给的制度变迁 [J]. 云南大学学报（社会科学版）, 2019, 18（3）：102-109.

[112] 武川正吾. 福利国家的社会学 [M]. 李莲花, 李永晶, 朱珉, 译. 北京：商务印书馆, 2011.

[113] 吴素雄, 陈宇, 吴艳. 社区社会组织提供公共服务的治理逻辑与结构 [J]. 中国行政管理, 2015（02）：49-53.

[114] 吴晓林. 中国的城市社区更趋向治理了吗——一个结构-过程的分析框架 [J]. 华中科技大学学报（社会科学版）, 2015（6）：52-61.

[115] 吴晓林. 台湾城市社区的治理结构及其"去代理化"逻辑——一个来自台北市的调查 [J]. 公共管理学报, 2015（1）：46-57.

[116] 吴晓林, 郝丽娜. "社区复兴运动"以来国外社区治理研究的理论考察 [J]. 政治学研究, 2015（1）：47-58.

[117] 夏玉珍, 李骏. 从一元、二元到多元——论社区服务理念的创新 [J]. 江汉论坛, 2003（10）：112-115.

[118] 向德平, 高飞. 社区参与的困境与出路——以社区参理事会的制度化尝试为例 [J].

北京社会科学，2013（6）：63-71.

[119] 肖林."'社区'研究"与"社区研究"——近年来我国城市社区研究述评[J].社会学研究，2011（4）：185-208.

[120] 徐盈艳，黎熙元.浮动控制与分层嵌入——服务外包下的政社关系调整机制分析[J].社会学研究，2018，33（2）：115-139，244-245.

[121] 徐永祥.社区发展论[M].上海：华东理工大学出版社，2000.

[122] 杨宝，李津.社区社会组织、邻里交往与公共事务参与——基于CGSS2012的实证分析[J].学习论坛，2019（04）：76-82.

[123] 杨贵华.社区公共服务发展与专业社会工作的介入[J].东南学术，2011（1）：95-102.

[124] 杨宏山.公民社会视野下城市社区服务的多元机制[J].上海城市管理，2007，16（5）：11-15.

[125] 杨敏.作为国家治理单元的社区——对城市社区建设运动过程中居民社区参与和社区认知的个案研究[J].社会学研究，2007（4）：137-164，245.

[126] 杨敏.我国城市发展与社区建设的新态势——新一轮城市化过程社会资源配置的社区化探索[J].科学社会主义，2010（4）：90-94.

[127] 杨敏，杨玉宏."服务—治理—管理"新型关系与社区治理新探索[J].思想战线，2013，39（3）：1-7.

[128] 杨团.中国的社区化社会保障与非营利组织[J].管理世界，2000（1）：111-120.

[129] 杨团.推进社区公共服务的经验研究——导入新制度因素的两种方式[J].管理世界，2001（04）：24-35.

[130] 杨志云.策略性收放：中国社会组织监管机制的新阐释[J].行政管理改革，2016（8）：60-65.

[131] 郁建兴，金蕾.社区社会组织在社会管理中的协同作用——以杭州市为例[J].经济社会体制比较，2012（4）：157-168.

[132] 郁建兴，沈永东.调适性合作：十八大以来中国政府与社会组织关系的策略性变革[J].政治学研究，2017（3）：34-41，126.

[133] 郁建兴，吴玉霞.公共服务供给机制创新：一个新的分析框架[J].学术月刊，2009，41（12）：12-18.

[134] 俞可平.治理与善治[M].北京：社会科学文献出版社，2004.

[135] 臧其胜.合法性与能力约束下社会组织活力激发的策略[J].南通大学学报（社会科学版），2017，33（1）：98-104.

[136] 张钢，徐贤春.地方政府能力的评价与规划——以浙江省11个城市为例[J].政治学研究，2005（02）：96-107.

[137] 张钢，徐贤春，刘蕾.长江三角洲16个城市政府能力的比较研究[J].管理世界，2004（08）：18-27.

［138］张晖. 非政府组织兴起的背景和理论依据［J］. 陕西行政学院学报，2008，22（1）：62-64.

［139］张丽娟，杨琳. 论社区服务福利性与经营性的统一［J］. 赣南师范学院学报，2014，35（2）：78-81.

［140］张映芹. 构建中国特色普惠型社会福利制度的基础与路径选择［J］. 思想战线，2010，36（5）：34-40.

［141］赵罗英，夏建中. 社会资本与社区社会组织培育——以北京市 D 区为例［J］. 学习与实践，2014（03）：101-107.

［142］珍妮特·V·登哈特，罗伯特·B. 登哈特. 新公共服务：服务，而不是掌舵［M］. 丁煌，译. 北京：中国人民大学出版社，2004.

［143］郑功成. 中国社会福利改革与发展战略：从照顾弱者到普惠全民［J］. 中国人民大学学报，2011，25（2）：47-60.

［144］郑杭生. 社会建设和社会管理研究与中国社会学使命［J］. 社会学研究，2011（4）：12-21.

［145］周良才，胡柏翠. 论社区服务的福利性［J］. 经济研究导刊，2009（27）：129-130.

［146］周幼平，唐兴霖. 中国情境下福利多元理论的反思［J］. 学术研究，2012（11）：56-62，159.

［147］AARONS G A, HURLBURT M, HORWITZ M C. Advancing a Conceptual Model of Evidence-Based Practice Implementation in Public Service Sectors[J]. Administration and Policy in Mental Health and Mental Health Services Research, 2011, 38(1): 4-23.

［148］AUSTIN M J.The Changing Relationship Between Nonprofit Organizations and Public Social Service Agencies in the Era of Welfare Reform[J]. Nonprofit & Voluntary Sector Quarterly, 2003, 32(1): 97-114.

［149］BARNES M. Users as Citizens: Collective Action and the Local Governance of Welfare[J]. Social Policy & Administration, 2002, 33(1): 73-90.

［150］BODE I. Disorganised Welfare Mixes: Voluntary Agencies and New Governance Regimes in Western Europe[J]. Journal of European Social Policy, 2006, 16(4): 346–359.

［151］BONVIN J M, MOACHON E. Market-like Practices in Public Institutions: the Case of Activation Policies in Switzerland[Z]. In EGOS Conference, Organizing the Public Realm, Bergen, 2006.

［152］BOVAIRD T.Beyond Engagement and Participation: User and Community Coproduction of Public Services[J]. Public Administration Review, 2007, 67(5): 846–860.

［153］BOVAIRD T, LEFFLER E. From Engagement to Co-production: The Contribution of Users and Communities to Outcomes and Public Value[J]. Voluntas International Journal of Voluntary & Nonprofit Organizations, 2012, 23(4): 1119-1138.

［154］BURAU V, VABO S I. Shifts in Nordic Welfare Governance: Introduction and Outlook[J].

International Journal of Sociology & Social Policy, 2011, 31(3/4): 140-147.

[155] DALY M. Governance and Social Policy[J]. Journal of Social Policy, 2003, 32(1): 113-128.

[156] DENHARDT R B, DENHARDT J V.The New Public Service: Serving Rather than Steering[J]. Public Administration Review, 2010, 60(6): 549-559.

[157] EVERS A.Mixed Welfare Systems and Hybrid Organizations: Changes in the Governance and Provision of Social Services[J]. International Journal of Public Administration, 2005, 28(9-10): 737-748.

[158] FORRER J, KEE J, BOYER E.Governing Cross-Sector Collaboration[M]. San Francisco, CA: Jossey-Bass, 2014.

[159] FRAHM K A, MARTIN L L. From Government to Governance: Implications for Social Work Administration[J]. Administration in Social Work, 2009, 33(4): 407-422.

[160] GUTTMAN D.Government by Contract: Considering a Public Service Ethics to Match the Reality of the 'Blended' Public Work Force[J]. Emory Corporate Governance and Accountability Review, 2015(2): 2-40.

[161] HERZBERG F.One More Time: How do You Motivate Employees?[J]. Harvard Business Review, 1968, 81(1): 87-96.

[162] HOUSTON D J. "Walking the Walk" of Public Service Motivation: Public Employees and Charitable Gifts of Time, Blood, and Money[J]. Journal of Public Administration Research and Theory, 2006, 16(1): 67-86.

[163] HUANG P C.Rural Class Struggle in the Chinese Revolution: Representational and Objective Realities from the Land Reform to the Cultural Revolution[J]. Modern China, 1995, 21(1): 105-143.

[164] JESSOP B. The Changing Governance of Welfare: Recent Trends in its Primary Functions, Scale, and Modes of Coordination[J]. Social Policy & Administration, 1999, 33(4): 12.

[165] JOHNSON N. The Welfare State in Transition: The Theory and Practice of Welfare Pluralism.[J]. The British Journal of Sociology, 1987, 40(1): 150.

[166] KAZEPOV Y.Rescaling Social Policies towards Multilevel Governance in Europe: Some Reflections on Processes at Stake and Actors Involved[A]. In Kazepov, Y. (Ed.). Rescaling Social Policies: Towards Multilevel Governance in Europe[C].Ashgate: Ashgate Publishing, 2010: 35-72.

[167] KOOIMAN J.Societal Governance: Levels, Models, and Orders of Social-Political Interaction[A]. In Pierre, J. (Ed.). Debating Governance: Authority, Steering, and Democracy[C]. Oxford: Oxford University Press, 2000, 138-166.

[168] KOOIMAN J.Exploring the Concept of Governability[J]. Journal of Comparative Policy Analysis, 2008, 10(2): 171-190.

[169] MARWELL N P.Privatizing the Welfare State: Nonprofit Community-Based Organizations as Political Actors[J]. American Sociological Review, 2004, 69(2): 265-291.

[170] MERRIEN F X.Governance and Modern Welfare States[J]. International Social Science Journal, 1998, 50(155): 57-67.

[171] MEYER J W, Rowan B.Institutionalized Organizations: Formal Structure as Myth and Ceremony[J]. American Journal of Sociology, 1977, 83(2): 340-363.

[172] MITCHELL S M, SHORTELL S M .The Governance and Management of Effective Community Health Partnerships: A Typology for Research, Policy, and Practice[J]. Milbank Quarterly, 2000, 78(2): 241-289.

[173] NEWMAN J.The "double dynamics" of activation: Institutions, citizens and the remaking of welfare governance[J]. International Journal of Sociology & Social Policy, 2007, 27(9/10): 364-387.

[174] NEWMAN J, GLENDINNING C, HUGHES M.Beyond Modernisation? Social Care and the Transformation of Welfare Governance[J]. Journal of Social Policy, 2008, 37(4): 531–557.

[175] OSBORNE S P.The (New) Public Governance: A Suitable Case for Treatment?[A]. In Osborne, S.P. (Ed.). The New Public Governance: Emerging Perspectives on the Theory and Practice of Public Governance[C]. London: Routledge, 2010: 1-16.

[176] OSBORNE S P, RADNOR Z, NASI G.A New Theory for Public Service Management? Toward a (Public) Service-Dominant Approach[J]. American Review of Public Administration, 2013, 43(2): 135-158.

[177] PHILIP M, BURGESS.Capacity Building and the Elements of Public Management[J]. Public Administration Review, 1975(35): 705-716.

[178] RHODES R.The New Governance: Governing Without Government[J]. Political Studies, 1996, 44(4): 652-667.

[179] RHODES R. From Marketisation To Diplomacy: It's the Mix that Matters[J].Australian Journal of Public Administration, 1997, 56(2): 40-53.

[180] RHODES R. Understanding Governance[M]. Buckingham and Philadelphia: Open University Press, 1997.

[181] RHODES R. Different Roads to Unfamiliar Places: UK Experience in Comparative Perspective[J]. Australian Journal of Public Administration, 1998, 57(4): 19-31.

[182] RHODES R.Understanding Governance: Ten Years On[J]. Organization Studies, 2007, 28(8): 1243-1264.

[183] ROEMER J E.Equality of Resources Implies Equality of Welfare[J]. Quarterly Journal of Economics, 1986, 101(4): 751-84.

[184] ROSE R.Common Goals but Different Roles: The State's Contribution to the Welfare

Mix[A].In Rose Richard and Shiratori Rei (eds.).The Welfare State: East and West[C]. New York: Oxford University Press, 1986: 13-39.

［185］SALTKJEL T. Welfare Resources and Social Risks in Times of Social and Economic Change: A Multilevel Study of Material Deprivation in European Countries[J]. European Journal of Social Work, 2018, 21(5): 639-652.

［186］SCOTT P, MacDonald R J.Local Policy Management Needs: The Federal Response[J]. Public Administration Review, 1975(35): 786-794..

［187］SHINN M, Toohey S M. Community Contexts of Human Welfare[J]. Annual Review of Psychology, 2003, 54(1): 427-459.

［188］STEPAN M, MULLER A.Welfare Governance in China? A Conceptual Discussion of Governing Social Policies and the Applicability of the Concept to Contemporary China[J]. Journal of Cambridge Studies, 2012, 7(4): 54-72.

［189］TAKAHASHI L M, SMUTNY G. Collaborative Windows and Organizational Governance: Exploring the Formation and Demise of Social Service Partnerships[J]. Nonprofit and Voluntary Sector Quarterly, 2002, 31(2): 165-185.

［190］TOLBERT C M, IRWIN M D, LYSON T A, et al.Civic Community in Small-Town America: How Civic Welfare Is Influenced by Local Capitalism and Civic Engagement[J]. Rural Sociology, 2010, 67(1): 90-113.

附录

附录一：案例使用基本情况

由于本研究的田野调查受访对象具有明显的流动性，并且研究对次要受访者的选择，主要采用随机选取的方法，难以呈现全部受访者完整的个人信息。因而，本文以案例序号、主体角色、访谈编号及访谈主题为基准，说明案例使用基本情况，并将以上信息以列表形式整理如下。

案例使用基本情况

序号	角色	编号	主题
案例 4-1	中介者 管理者	JDSQ20180831 GKZ20180831	单位社区服务资源配置
案例 4-2	管理者	GKZ20180716	"菜篮子"工作的管理开展
案例 4-3	中介者	NYSQ20180831 HYJSQ20180831	"菜篮子"工作的社区子系统落地
案例 4-4	协作者	LG20190815	试点社区资源配置
案例 4-5	提供者 管理者	WLS20180823 CJ20180824	志愿服务人力资源的开发
案例 4-6	管理者	CJ20181024A	马头琴义工服务的资源组建
案例 4-7	管理者	CJ20180801	社区社会组织的构成及特征
案例 4-8	协作者	LXM20180813	社区社会组织的管理及运行
案例 4-9	管理者 中介者	GKZ20180716 DLS20190819	便民服务市场资源的引入与管理
案例 4-10	管理者	CJ20180716 CJ20180724	文化生活类服务的项目化与品牌化
案例 4-11	协作者	LG20190815	居家养老项目的推进过程

续表

序号	角色	编号	主题
案例 4-12	中介者	JDSQ20180831	市场服务资源整合中的管理难题
案例 4-13	中介者	NKDW20180831 ZZR20180831	市场资源与社会主体衔接难题
案例 4-14	管理者	CJ20180716 CJ20180723	公共服务的发展特征
案例 4-15	管理者	GKZ20180716	便民利民服务的资源运用困境
案例 4-16	协调者	DBZ20181018	志愿服务资源的流动性
案例 4-17	管理者	CJ20181024A	资源流动与服务持续间的矛盾
案例 5-1	管理者	CJ20181024A	马头琴义工的激励需求
案例 5-2	管理者	CJ20181024A	管理体制与激励需求间的矛盾
案例 5-3	管理者 提供者	CJ20180824 WLS20180823	工笔画义工激励的保健因素
案例 5-4	管理者	CJ20181024A CJ20180906	马头琴义工服务的保健激励
案例 5-5	管理者	CJ20181024A	马头琴义工激励的保健因素
案例 5-6	管理者	CJ20181024A	服务参与者自发形成的保健因素
案例 5-7	管理者	CJ20180906 CJ20180824	服务提供者的个体特征
案例 5-8	管理者	CJ20181024A	义工人士的服务供给特征
案例 5-9	参与者	GBXY20180823A GBXY20180823B	参与者在服务供给中的调节作用
案例 5-10	管理者	CJ20180801	社区社会组织的备案管理
案例 5-11	提供者 参与者 协调者	WLS20180823 GBXY20180823B DBZ20181018	社区服务参与的签到方式
案例 5-12	中介者	GTYSQ20180831 LBSQ20180831	福利服务传递过程的约束手段
案例 5-13	管理者	GKZ20180716	服务商的资格准入与管理路径
案例 5-14	参与者	ZL20190906 ZL20190929	服务信息的线下组织传播
案例 5-15	参与者	CWY20180723	服务信息的线上群组传播
案例 5-16	协调者	DBZ20181018 DBZ20180906	工笔课堂中班长的协调角色

续表

序号	角色	编号	主题
案例 5-17	协调者	JLX20180801	班长的服务责任范畴
案例 5-18	协调者	YYF20180801	协调和参与的双重角色
案例 6-1	管理者 参与者	CJ20180724 LYF20180801	政府部门间的协同
案例 6-2	中介者	ZNZR20180831	社区居委会间的协同
案例 6-3	管理者	CJ20181024B	生活类服务的规模发展
案例 6-4	协作者 管理者	LXM20181024 CJ20190815 LG20190815	街道社区服务下沉中的"选择"
案例 6-5	参与者	DWY20180824A DWY20180824B	社区居委会的服务瞄准
案例 6-6	参与者	GBXY20180823C	社区服务信息不完全对称
案例 6-7	参与者	DBZ20181024	参与者的服务选择
案例 6-8	参与者	LYF20181024	参与者的服务选择
案例 6-9	参与者	FY20180806 GZP20180806	服务使用的同群现象
案例 6-10	参与者	YYF20180801 JLX20180801	新的"群体"动态生成

注：本表对且仅对案例分析的资料使用情况进行说明。除此之外的访谈资料使用情况，均以访谈编号等形式在文中简要说明。

附录二：B街道社区社会组织基本情况汇总表

社区社会组织数量				168		
按工作内容和活动领域统计数量							
在街道备案数量	116	慈善公益类	7	在社区备案数量	52	慈善公益类	0
		文体活动类	78			文体活动类	8
		志愿服务类	25			志愿服务类	0
		养老助残服务类	2			养老助残服务类	2
		便民服务类	4			便民服务类	1
		其他服务类	0			其他服务类	41
人员构成情况统计							
专职工作人员总数	353	社会组织人员总数	12288	志愿者人员总数	11508
其中党员人数	108	其中党员人数	4363	其中党员人数	4091
党员比例	30.6%	党员比例	35.5%	党员比例	35.5%

注：数据截至2018年1月。

附录三：街道舞蹈展演责任书（2014）

B 街道第三届"创文明城区杯"舞蹈展演活动责任书

  B 街道第三届舞蹈展演活动的举办宗旨是：重在参与、安全第一、友谊第一、健康第一。因此参加展演活动的舞蹈爱好者要特别注意自己的身体健康状况，是否能参加展演，并在参加展演活动的过程中，时刻注意安全！

  为了确保 B 街道第三届舞蹈展演活动的顺利举办，保障舞蹈爱好者的安全，B 街道第三届舞蹈展演活动，实行参演人员自己签名，证明自己可以参加本次比赛，并在参赛过程中时刻注意安全事项，如在比赛过程中出现因各种身体原因造成的任何后果，都由本人承担。请各位舞蹈爱好者给予配合，参演人员本人签名后在比赛前由各参演队领队交社区服务中心，比赛前未交责任书的参赛资格取消。谢谢配合！

队名：

序号	姓名	性别	年龄	本人已明白舞蹈展演活动责任书内容并自愿参加展演活动（签名）
1				
2				

年　月　日

附录四：街道服务商准入与管理办法

B 街道服务商准入与管理内容具体包括：服务单位准入申请表、店面信息表以及评价表。

一、服务单位准入申请表

*所属社区				
*是否为连锁类服务商		是□　　否□		
*营业执照注册名称				
若为连锁类服务商，须填写内容				
*是否为总部	总部□　有上级单位□	*连锁性质	加盟□　直营□	
*上级单位全称 （营业执照全称）				
*总部具体地址				
*总负责人姓名		*联系方式	手机号码	
			固定电话	
电子邮箱		网站地址		

二、店面信息

*店面名称				
*负责人		*联系方式	手机号码	
*电子邮箱			固定电话	
*具体通讯地址		明显地标		
*具体营业时间		*服务电话		
*是否提供上门服务	是□　　　　　否□			
*上门服务覆盖范围（按照街道、社区的准确名称填写）				
*服务类型				
*优惠方式 如若选择提供特供服务（产品），则具体信息填写附件《特供服务（产品）信息登记表》	□全场打折，折扣程度为_____折 □提供特供服务（产品） □提供便民服务（_____） 如：免费上门服务			
申请单位（盖章）： 单位负责人（签字） 　　　　年　月　日	属地居委会（盖章）： 审核意见： 　　　年　月　日	社区服务中心（盖章） 审核意见： 　　　年　月　日	街道办事处（盖章） 审核意见： 　　　年　月　日	

三、服务单位评价表

服务商名称：		属地居委会：	日期：	
项目	具体内容		分数	合计
守法经营（20分）	证照齐全（0~10分）			
	遵守行业规定（0~5分）			
	诚信经营，无制假贩假、无欺骗欺诈行为（0~5分）			
热心公益（20分）	积极参与社区公益事业（0~10分）			
	热心帮助辖区内困难弱势群体（0~10分）			
管理有序（25分）	落实好门前"三包"工作（0~10分）（此项由城管打分）			
	服务场所管理有序，有相关管理规定（0~10分）（此项由工商或食药所打分）			
	服务人员均持证上岗，统一服装（0~5分）			
承诺兑现（15分）	承诺的优惠便民服务项目是否兑现（0~10分）			
	服务记录是否完整（0~5分）			
群众满意（20分）	与服务对象是否有纠纷与冲突，对有效投诉是否及时处理（0~20分）			
加分项	（填写加分项，不写分数）			
总分				
备注：服务企业内出现的好人好事、亮点的服务